Berthold Stötzel

Arbeitsschutz durch Beteiligung

Betriebliche Sicherheitsarbeit als Organisationsentwicklung

Verlag Dr. Kovač

VERLAG DR. KOVAČ

Postfach 50 08 47 · 22708 Hamburg · Telephon: 040 - 380 57 75 · Fax: 040 - 389 56 20

CIP-Titelaufnahme der Deutschen Bibliothek

Stötzel, Berthold:

Arbeitsschutz durch Beteiligung
Betriebliche Sicherheitsarbeit als Organisationsentwicklung./
Berthold Stötzel. - Hamburg: Kovač, 1994
ISBN 3-86064-151-4

20 = HWK 3740

Inhaltsverzeichnis

A) SYSTEMATISCHER TEIL:

B) PRAXISTEIL:

A) Systematischer Teil

1. Zur Orientierung: Kognitive Psychologie und Arbeitssicherheit

Die Bedeutung des Beitrags der Psychologie in der betrieblichen Sicherheitsarbeit muß eigentlich nicht neu begründet werden. Arbeitssicherheit hat immer auch einen Verhaltensaspekt und die Psychologie ist die Wissenschaft vom menschlichen Verhalten. Psychologische Konzepte der Verhaltensänderung haben im Bereich der Arbeitssicherheit eine beachtliche Tradition.

Allerdings mußte kürzlich der Arbeitsdirektor eines großen Unternehmens auch feststellen, daß man offensichtlich nun an die Grenzen der traditionellen Sicherheitsarbeit stoße. Er verwies in seinen weiteren Ausführungen dann darauf, daß neben der Technik und der Arbeitsorganisation insbesondere auch der Mensch durch sein Verhalten die Arbeitssicherheit beeinflußt um dann festzustellen:

"Mit der technologischen Veränderung unserer Produktionsprozesse kommen neue Gefährdungspotentiale auf uns zu. Wir machen die Erfahrung, daß es immer seltener eindeutige Ursache-Wirkungs-Zusammenhänge sind, die zu einem Unfall führen, und wir müssen feststellen, daß eine Konzentration der Sicherheitsarbeit auf den einzelnen Arbeitsplatz immer weniger ausreicht. Teillösungen verlieren ihre Wirksamkeit!"

Er forderte sodann in diesem Sinne eine ganzheitliche Betrachtungsweise für die Sicherheitsarbeit, deren interdisziplinäres Verständnis, plädiert für eine gleichberechtigte Präventivfunktion neben der traditionellen Korrektivfunktion der Arbeitssicherheit und stellte schließlich fest: "Auf Dauer wird Arbeitssicherheit nur erreicht, wenn jeder Mitarbeiter motiviert ist, neben der eigenen Gesundheit auch die der Kollegen zu bewahren."

Die Frage ist, welche neuen Antworten bzw. Anregungen kann die Psychologie angesichts dieser auf zunehmende Komplexität hinweisende Problemlage geben?

a) Der Ansatz der Verhaltenspsychologie:

Zunächst soll zur besseren Einordnung kurz der traditionelle Ansatz der Arbeitssicherheitspsychologie ins Gedächtnis gerufen werden. Die traditionelle Psychologie der Arbeitssicherheit ist die sogenannte Verhaltenspsychologie (Behaviorismus).

Als Grundlage nimmt man in diese psychologische Theorie an, daß alles Verhalten aus Reiz-Reaktions-Zusammenhängen besteht, die es zu verändern gilt. Die Veränderungsstrategien des Verhaltens bauen auf Lernprozessen auf, deren Merkmale vor allem die systematische Verstärkung bestimmter Reiz-Reaktions-Muster bilden.

Durch positive Verstärkung (Belohnung) wird eine "Aufsuchungstendenz" eines bestimmten Verhaltens begünstigt, durch negative Verstärkung (Bestrafung) eine "Meidungstendenz" des Verhaltens. Hinzu kommt die Strategie des Modellernens (Vormachen - Nachmachen) in dem Sinne, daß Menschen, die für andere Vorbilder sind, sich beispielhaft verhalten sollen.

Das Menschenbild, das hinter dieser Psychologie steht, deutet den Menschen vornehmlich als einen "Reflexapparat", der ausschließlich von außen, d.h. durch die Umwelt geprägt und bestimmt wird.

Wenn man dieser Psychologie folgt, kann man daraus eine ganze Reihe von wirkungsvollen Strategien zur sicheren Arbeit ableiten.
Sie folgen insbesondere den nachstehenden Regeln:

- sicherheitsgerechtes Verhalten muß belohnt, d.h. positiv verstärkt werden,

- sicherheitswidriges Verhalten muß bestraft, also negativ verstärkt werden,

- sicherheitsgerechtes Verhalten muß Vorbildcharakter haben.

Positive Verstärker können zum Beispiel sein:

Zeitgewinn, weniger Anstrengung, materielle Vorteile (z.B. Sicherheitsprämien), aber auch ein Zuwachs an Ansehen durch Beförderung usw. Man kann vermuten, daß diese positiv gemeinten Verstärker in der Praxis nicht selten umgekehrt wirksam werden, daß also sicherheitswidriges Verhalten die oben genannten Vorteile nach sich zieht und deshalb entgegen der geplanten Wirkrichtung positiv verstärkend wirken.

Dieser Hinweis deutet bereits auf die Problematik solcher Verhaltensänderungsstrategien hin und läßt deren Grenzen in der praktischen Anwendung erkennen.

Im Folgenden sollen die wichtigsten Einwände gegen verhaltenspsychologisch begründete Veränderungsstrategien kurz zusammengefaßt werden:

- Verstärkungssysteme richten sich nach den sozialen Wertesystemen der Menschen und diese sind weder einheitlich, noch eindeutig. Was z.B. ist Leichtsinn, was ist Mut?

- Verstärker unterliegen einer Inflation ihrer Wertbedeutung:
Was z.B. beim ersten Mal noch wirkt, was noch günstig aufgenommen wird, gilt beim zehnten Mal nichts mehr. Wir kennen alle die starke "Inflation" materieller Verstärker. Geld - oder Sachprämien bleiben in ihrer Wirkung nicht lange stabil.

- Verstärker dulden keinen Zeitverzug:
Das sogenannte "Gesetz der Kontiguität" ist eine besondere Klippe. Meistens wirken Verstärker nicht, wenn ein positiv zu verstärkendes Verhalten an einer bestimmten Stelle erfolgt (etwa ein besonders umsichtiges Verhalten in einer kritischen Situation), aber die Verstärkung in Form der Sicherheitsprämie Monate später erfolgt. Man müßte im Grunde immer sofort und auf der Stelle verstärken können. Das ist aber im normalen Betriebsablauf nicht möglich, weil u.U. das Verhalten gar nicht bemerkt wird oder weil derjenige, der verstärken könnte, der Vorgesetzte etwa, gar nicht anwesend ist.

- Negative Verstärker haben nicht selten einen hohen Aufforderungscharakter zur Nachahmung:
Typisch für dieses Problem sind Erfahrungen, die man mit jugendlichen Motorradfahrern gemacht hat. Man zeigte rasante Motorradfahrten mit anschließenden schweren Unfällen, in der Hoffnung, man könne dadurch eine Meidungstendenz hinsichtlich des riskanten Fahrens begünstigen. Es hat sich aber gezeigt, daß solche Filme oft eine Aufforderungstendenz begünstigten. Die Unfälle wurden verdrängt, das rasante Fahren wirkte stimulierend.

- Von außen erzeugten Verhaltensweisen fehlt häufig die innere Akzeptanz.
Dies ist unter den heutigen Produktionsbedingungen ein besonders gravierendes Argument. Die Verhaltenspsychologie hat etwas Dressurhaftes, das dem Ideal des mitgestaltenden und mitverantwortlichen Mitarbeiters deutlich entgegensteht.

b) Der Ansatz der kognitiven Psychologie:

Im Vergleich zum bisher Gesagten soll nun gezeigt werden, was eine andere, neuere psychologische Theorie zu den Problemen der Verhaltensänderung im Zusammenhang mit Arbeitssicherheit beizutragen hat:
Die theoretische Orientierung ist nunmehr die sogenannte Kognitionspsychologie. Diese psychologische Theorie ist etwa in den 60er Jahren entstanden und seit dem kontinuierlich weiterentwickelt worden. Sie hat in zunehmendem Maße Einfluß auf fast alle Anwendungsbereiche der Psychologie gewonnen und vieles grundlegend verändert. Man spricht deshalb auch von der "kognitiven Wende" in der Psychologie, und es ist zu prüfen, wie diese sich auf für die Psychologie der Arbeitssicherheit auswirkt.

Im Sinne der Kognitionspsychologie bilden die Grundlagen der Verhaltensänderung ein Einsichtnehmen in strukturelle Zusammenhänge und eine Logifizierung von Erfahrungen. Stabile Verhaltensänderungen beruhen vor allem auf einer Vermehrung von Informationen, auf einer Verbesserung der Kommunikation und Kooperation und der einsichtsvollen Reflexion von Erfahrungen.

Auch das Menschenbild dieser Psychologie ist ein ganz anderes: Der Mensch wird als ein aktiver Gestalter seiner Lebenswelt gesehen, der seine Bedürfnisse und Handlungsperspektiven ständig neu organisiert bzw. situativ verändert.

Der unmittelbare Vergleich mit der Verhaltenspsychologie macht die Unterschiede besonders deutlich:

Abb. 1: Zwei psychologische Theorien für die Arbeitssicherheit

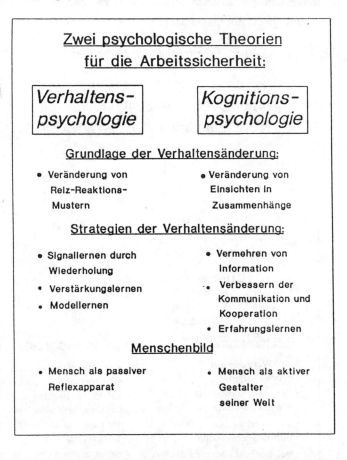

Folgt man nun dem kognitiven Modell, kommt es zu gänzlich anderen möglichen Ansatzpunkten und zu neuen strategischen Überlegungen für die Verbesserung der Arbeitssicherheit:

Wir haben dann davon auszugehen, daß eine Veränderung der kognitiven Struktur der Betroffenen auch zu einer veränderten Gefahrenkognition im Bezug auf die eigene Arbeit führt und das dies die Fähigkeit und Bereitschaft fördert, sich aktiv an der Aufdeckung von Gefährdungspotentialen und deren Beseitigung zu beteiligen. Überführt man diese Überlegungen in eine systemische Betrachtungsweise, so ist zu erkennen, wie in einer Arbeitsorganisation diesbezügliche Interessenlagen zusammenhängen und zusammenwirken können. Es ergibt sich der folgende Zusammenhang:

Abb. 2: Systemischer Zusammenhang der Interessen

Aus systemischer Sicht müssen diese Bereiche also gemeinsam betrachtet werden. Auf diese Weise entstehen dann "generative Schnittmengen" für neue Strategien zur Verbesserung der Arbeitssicherheit. Die Konsequenz wäre der Diskurs, d.h. die alle Betroffenen beteiligende Erörterung!

Arbeitssicherheitsstrategien erhalten somit den Charakter von Organisationsentwicklung und Organisationsentwicklung als Diskursgestaltung zielt insbesondere auf:

- Beteiligung durch Teamarbeit,

- Erfahrungslernen zur Einübung neuer Fähigkeiten und Fertigkeiten,

- Prozeßorientierung als Wechselwirkung von Weg und Ziel,

- Systemdenken zur Entdeckung der Arbeitsumgebung als vernetzten Ganzheiten.

Strategien der Arbeitssicherheit können nach diesen Prinzipien neu gestaltet und funktionell erweitert werden. Neue, komplexere Fragestellungen werden für die Sicherheitsarbeit erschlossen und beantwortbar, Fragen vor allem, wie sie im Gefolge des technologisch - organisatorischen Wandels neu entstanden sind.

Selbstverständlich ist aber auch die Kognitionspsychologie nicht automatisch ein "Königsweg" zur Verbesserung der Arbeitssicherheit. Auch die kognitiv begründeten Prozeduren der Organisationsentwicklung sind im betrieblichen Alltag Gefahren ausgesetzt und benötigen förderliche Bedingungen. Sie sind erfahrungsgemäß nur wirksam, wenn:

- sie von den Beteiligten selbst bestimmt bzw. beeinflußt werden können,

- die vorgeordneten Instanzen, die Einfluß auf die Durchsetzung von Problemlösungen haben, in den Prozeß einbezogen sind,

- die Ziele der Organisationsentwicklung mit den Zielen der Gesamtorganisation übereinstimmen,

- die Veränderungsziele konkret gefaßt sind und dem Zeithorizont der Beteiligten entsprechen,

- die erarbeiteten Vorschläge im betrieblichen Geschehen auch tatsächlich umgesetzt werden.

Damit wird klar, daß Organisationsentwicklung letztlich auf einen anderen Umgang mit Menschen und Sachen zielt, sie verändert die jeweilige Unternehmenskultur. Dies ist ein hoher Anspruch, und er kann nur erfüllt werden, wenn insbesondere diejenigen hinter der Sache stehen, die die Hauptverantwortung für das Unternehmen tragen.

Um einer unnötigen Polarisierung in der Theoriedebatte zur Begründung von Arbeitssicherheitskonzepten vorzubeugen, muß darauf hingewiesen werden, daß es in dieser Betrachtung der Vor- und Nachteile zweier unterschiedlicher psychologischer Theorien in ihrem jeweiligen Beitrag zur Begründung von Arbeitssicherheitsstrategien nicht darum gehen kann, die eine gegen die andere auszuspielen.

Unter bestimmten Bedingungen kann zweifellos auch die traditionelle verhaltenspsychologische Begründung der Arbeitssicherheit ihren Wert und ihre Berechtigung haben. Es sollen deshalb noch einmal die Kernargumente beider psychologischer Ansätze gegenübergestellt und zusammenfassend verdeutlicht werden, wo und in welchen Zusammenhängen sie sich jeweils bewährt haben, und unter welchen Bedingungen sie vernünftigerweise einzusetzen sind:

Die Verhaltenspsychologie läßt sicherlich gute Erfolge bei kurzfristigen Maßnahmen erwarten, d.h. bei der Veränderungen von isolierten Reiz-Reaktions-Zusammenhängen, beispielsweise beim Training ritualisierter Bedienungsprozeduren an bestimmten Maschinen. Sie hat auch insbesondere ihren Wert bei der Ausbildung von unreflektierten (unbewußten) Gewohnheiten des sicheren Verhaltens bei der Arbeit.
Der traditionelle Ansatz ist im betrieblichen Geschehen nützlich und sinnvoll, wenn auf einem niedrigen Arbeitssicherheitsniveau schnell Erfolge erzielt werden sollen.

Wenn es jedoch um die schwierige Frage neuer Standards der Arbeitssicherheit im Zusammenhang mit dem technologisch / organisatorischen Wandel geht, dann sind Ansätze nach dem Modell der Kognitionspsychologie eindeutig überlegen, wie noch zu zeigen sein wird.

Abb. 3: Arbeitssicherheitsargumente im Vergleich

Arbeitssicherheitsargumente im psychologischen Vergleich

Verhaltens-psychologie ist besser:	*Kognitions-psychologie* ist besser:
- bei kurzfristigen Einzelmaßnahmen	- bei langfristig/evolutionären Veränderungsstategien
- bei Veränderung von isolierten Reiz-Reaktions-Zusammenhängen	- bei Veränderung in ganzheitlich/komplexen Produktions-zusammenhängen
- zur Ausbildung ritualisierter Verhaltensweisen (Gewohnheiten,Reflexe)	- zur Ausbildung flexibler Verhaltens-muster
- wenn bei niedrigem AS-Niveau schnell Erfolge erzielt werden sollen	- wenn es bei hohem AS-Niveau um das "Restrisiko" geht
	- bei Strategien der vorbeugenden AS
	- wenn hohe Akzeptanz von Veränderungen erzielt werden soll

Bei langfristigen zu planenden Veränderungsstrategien und bei der Veränderung ganzheitlich-komplexer Produktionszusammenhänge, in denen flexibel und differenziert auf Prozeßsignale reagiert werden muß, sind kognitive Prozeduren ebenso deutlich überlegen, wie auch dann, wenn es auf einen hohen Niveau der

Arbeitssicherheit um das sonst kaum zu beherrschende "Restrisiko" geht. Das Gleiche gilt ebenso für Strategien der präventiven Arbeitssicherheit.

Letztenendes gilt wohl, daß Menschen die sie betreffenden Regeln des Arbeitsschutzes am ehesten dann als sinnvoll begreifen können, wenn sie sich diese Verhaltensregeln selbst geschaffen haben; vor allem steigt so jedenfalls ihre Bereitschaft, diese Regeln auch einzuhalten und deren Einhaltung selbständig und eigenverantwortlich zu kontrollieren.

Wie man unter neuen Bedingungen der industriellen Produktion zu solchen Standards der Arbeitssicherheit kommen kann, zeigt in Theorie und Praxis der folgende Bericht.

2. Organisationsentwicklung als Methode zielgerichteter Veränderung sozialer Systeme

2.1 Was ist ein soziales System?

Zum Verständnis des Ganzen ist es wichtig, zunächst die Grundprinzipien einer neuen Denkweise zum Verständnis organisierter Arbeit zu gewinnen. Es ist das Denken in systemischen Zusammenhängen.

Das systemische Denken, bzw das Verständnis dafür, wie soziale Systeme wahrzunehmen und zu definieren sind, hat sich immer wieder verändert und weiterentwickelt. Unabhängig voneinander sind Systemforscher zu ähnlichen neueren Erkenntnissen gekommen. So wurden Systeme anfänglich als mechanische Systeme aufgefaßt, in einer weiteren Entwicklungsphase als organismische Systeme. Erst in den 80er Jahren rückte das Verständnis von sozialen Systemen als humane soziale Systeme in den Mittelpunkt des Interesses.

a) Mechanistisches Systemverständnis

"Mechanistische Modelle fassen die Welt als Maschine auf" (Gharajedaghi Jamshid, Ackoff Russel, in Probst & Siegwart, 1985, S. 282). Ein solches System kann vollkommen verstanden werden durch die Analyse seiner Einzelteile. Es ist kontrollierbar und voraussagbar und exaktem Denken vollkommen zugänglich. Das Konzept der Homöostase ist leitend bei der Frage nach Veränderung. Autonomes Handeln wird als störend empfunden und durch präzise Vorgaben ersetzt.

Aus diesen kurzen idealtypischen Beschreibungen wird deutlich, daß ein soziales System niemals mit Maschinen vergleichbar ist. Menschliches Leben ist spontan und kann nicht in alle Einzelheiten zerlegt und kontrolliert werden.

Mechanistische Modelle haben ihren wichtigen Platz in relativ einfachen Kausalbeziehungen wie beim Rechnungswesen, der Materialverwaltung, in einfachen praktischen Situationen also.

Obschon deutlich wird, daß die aus dem mechanistischen Denken stammenden Methoden und Entscheidungshilfen nicht (mehr) geeignet sind, macht Vester (1988) darauf aufmerksam, daß man mit solchen Theorien und Methoden bis in die 60er Jahre dieses Jahrhunderts durchaus Erfolg hatte. Er glaubt, daß "in Zeiten des Wachstums komplexe Systeme sich fast wie Maschinen verhalten und vorübergehend auch so behandelt werden können." Sie bieten heute jedoch immer weniger Orientierung und können nicht richtungsweisend für die Zukunft sein.

b) Organismisches Systemverständnis

In den 70er Jahren erhält der Gesichtspunkt der Komplexität sozialer Systeme erhöhte Bedeutung, und das Verständnis sozialer Systeme verändert sich.

Systeme werden nun häufiger definiert als nach außen offene Systeme. Danach beziehen organismische oder natürliche Systeme lebenswichtige Ressourcen aus der Umwelt bzw. aus anderen Systemen. Dieser Ansatz führt insbesondere zu einem Denken in Regelkreisen; Strukturen und Prozesse gewinnen an Bedeutung. Das Verständnis von "Wandel" und "Evolution" in Zusammenhang mit Veränderungen organismischer Systeme steht im Mittelpunkt, wobei das "Überleben" ihr wichtigstes Ziel ist.

Diese kurze Beschreibung macht deutlich, daß sich dieses Systemverständnis grundlegend unterscheidet vom weiter oben beschriebenen mechanistischen Verständnis. Während ein mechanistisches System sozusagen wie ein Heizungsthermostat sich immer wieder auf ein bestimmtes Gleichgewicht einzupendeln und Abweichungen auszugleichen versucht, regeln in natürlichen Systemen differenzierte Strukturen und Prozesse die Beziehungen zwischen System und Umwelt.

Trotz dieser Erweiterung im Verständnis kann aber auch das Modell eines organismischen Systems ein soziales System nur ungenügend beschreiben. Es bleiben, insbesondere was unsere Fragestellung betrifft, entscheidende Komponenten unbestimmt.

c) Das Verständnis sozialer Systeme als humane Systeme:

Mitte der 80er Jahre entwickelt sich ein erweitertes Verständnis von sozialen Systemen, das von einigen als ein neues Paradigma betrachtet wird, sich aber durchaus anschließt an Aussagen und Vorstellungen früherer Theoretiker.

Diese Arbeiten sind verbunden mit den Namen Maturana und Varela (1987) in der Biologie, sowie Ackoff, Gharajedaghi, Ulrich, Probst und Riedl (1985/87) in der Betriebswirtschaft und der Managementlehre. Es ist nun die Rede von humanen und sozialen Systemen als selbstorganisiert bzw. selbstreferentiell. Damit ist gemeint, daß soziale Systeme ihr eigenes Verhaltensrepertoire bewußt wählen, gestalten und lenken können. Selbstorganisierte Systeme haben die Möglichkeit, Entwicklungen in Frage zu stellen, Wandel zu interpretieren Veränderungen selbst einzuschätzen. Mechanistische Systeme generieren keine Eigenschaften. Alles, was vom definierten Zustand abweicht, unterliegt der Korrektur. Organismische Systeme passen sich ihrer Umgebung an; sie produzieren nicht absichtsgeleitet neue Eigenschaften. Humane soziale Systeme zeichnen sich dagegen durch ihr Potential aus, neue Eigenschaften zu generieren und zu integrieren, was zur Veränderung in der Natur der Komponenten und der Beziehungen führt (Probst, 1987, S.51). Entwicklung entsteht also aus dem System heraus; das System organisiert sich selbst, ja es erschafft sich selbst. Eigenschaften und Merkmale derart selbstorganisierter Systeme sind danach:

- Komplexität:
  Komplexität ist mehr und etwas anders als Kompliziertheit. Ulrich/Probst (1988) definieren Komplexität als die Fähigkeit eines Systems, in einer gegebenen Zeitspanne eine große Zahl von verschiedenen Zuständen annehmem zu können; mit anderen Worten, das System hat eine große Zahl von Verhaltensmöglichkeiten.

- Autonomie:

Autonomie bedeutet, daß ein System sich selbst gestalten, entwickeln, sich also selbst organisieren kann. Es ist für seine Entwicklung nicht auf eine "Versorgung" von außen angewiesen, sondern es bezieht die Entwicklungsmöglichkeiten aus seinen selbstorganisierenden und selbstorganisierten Teilen, die sich wiederum selbst entwickeln. Verhalten, Lernen also, geschieht aus dem System heraus durch selbstgenerierte Prozesse und kann nicht von außen gesteuert bzw. aufgepfropft werden.

- Redundanz:

Autonomie ist auf Redundanz angewiesen, nämlich das Potential, das im Ganzen und seinen Teilen mehr als notwendig vorhanden ist: Information, Kommunikation, Entscheidungsfindung. Dadurch ist die Grundlage vorhanden für flexibles, kreatives, innovatives Verhalten.

- Selbstreferenz:

Jedes Verhalten des Systems wirkt auf sich selbst zurück und wird zum Ausgangspunkt für weiteres Verhalten. Selbstorganisierte Systeme erhalten und artikulieren sich selbst. Der Leitsatz: "Das System ist, was es ist" macht deutlich, daß jedes System (Person, Familie, Institution) seine eigene kohärente Identität hat aufgrund der Art und Weise, wie es sich organisiert.

Diese vier Aspekte eines selbstorganisierten Systems überlappen, ergänzen, produzieren sich und verhalten sich komplementär zueinander. Die Selbstorganisationsforschung macht deutlich, daß bei einer solchen Sicht sozialer Systeme ganz neue Analyse- und Veränderungsvorstellungen greifen. Wir müssen uns entfernen von bisherigen, oft selbstverständlichen Überlegungen, Systeme willkürlich beeinflussen, kontrollieren, verändern zu können. Die Frage ist vielmehr, wie Kreativität und Lernfähigkeit eines Systems und seiner Teile gefördert werden könnten!

2.2. Zur Frage der Veränderung von sozialen Systemen

Die planmäßige Gestaltung sozialer Systeme ist zu einem zentralen Anliegen der angewandten Sozialwissenschaften geworden. Der ökonomische Zwang zu immer leistungsfähigeren und effektiveren Formen der Organisation menschlicher Arbeit einerseits, aber auch das gesteigerte Bewußtsein für demokratische Regulations- und Entscheidungsprozesse und die damit einhergehende Forderung nach humanen Arbeitsbedingungen haben zu erheblichen Erwartungen hinsichtlich der Gestaltung von Arbeitsorganisationen geführt und zwar sowohl im Bereich der Güterproduktion als auch auf dem weiten Feld der gesellschaftlich immer bedeutsamer werdenden Dienstleistungen.

Im Sinne des systemisch - kognitiven Ansatzes ist zur Leitidee dabei geworden, die in den Organisationen tätigen Menschen mit ihrem Wissen, ihren Erfahrungen und ihrem persönlichen Entwicklungspotential möglichst umfassend einzubeziehen in die Gestaltung und Veränderung der Organisation, in der sie tätig sind und diese Potentiale kollektiv zu bündeln, um ihre Wirkkraft zu verstärken.

Aus diesen Zusammenhängen leitet sich eine Fülle von Prozeduren und Methoden der Gestaltung sozialer Systeme ab, die zusammengenommen unter dem Fachterminus "Organisationsentwicklung" Karriere gemacht haben.

French und Bell (1977) definieren Organisationsentwicklung als "eine langfristige Bemühung, die Problemlösungs- und Erneuerungsprozesse in einer Organisation zu verbessern, vor allem durch wirksamere und auf Zusammenarbeit gegründete Steuerung der Organisationskultur ...", (S.31).

Ein besonderes Augenmerk muß bei dieser Definition auf den Begriff "Kultur" gelenkt werden. Hierunter verstehen die Autoren die "vorherrschenden Muster von Tätigkeit, Interaktionen, Normen, Empfindungen, ..., Einstellungen, Überzeugungen, Werten und Produkten" (ebenda) und sie betonen dabei, daß der Gebrauch des Begriffs Kultur auch die Vorstellung eines informalen Systems in der Organisation einschließt, mit den dort sich auslebenden Gefühlen, Handlungen, Interaktionen, Gruppennormen und Werten.

Organisationsentwicklung wird somit zu einer Strategie des geplanten sozialen Wandels, der sich auf die formalen wie informalen Subsysteme einer Organisation erstreckt. Es geht um Einflußnahme mit dem Ziel, innerhalb der Organisation Struktur- und Verhaltensänderungen zu bewirken auf der Basis eines gemeinsamen Lernprozesses. Damit wird aber zugleich auch eine anthropogene Prämisse postuliert:

Organisationsentwicklung setzt voraus, daß alle beteiligten Organisationsmitglieder ein nicht im voraus festzulegendes kognitives und affektives Veränderungspotential in sich tragen und zielt darauf ab, dieses zu entfalten.

Zur Vervollständigung einer begrifflichen Grundlegung der Organisationsentwicklung, aber auch zum Verständnis ihres innovativen Beitrags zur Methodik der Arbeitssicherheitspsychologie ist weiterhin erforderlich, einen Blick auf deren theoretische Fundierung zu werfen.

Allgemein können wir dafür die kognitive Psychologie und die durch sie bedingte "kognitive Wende" in der psychologischen Theoriebildung in Anspruch nehmen, im weiteren Sinne aber auch die Systemtheorie, die sozialpsychologische Feldtheorie, die Aktionsforschung und die Gruppendynamik.

Wie wir sehen werden, haben wir schon heute und erst recht für die Zukunft der technisch-organisatorischen Entwicklung mit komplexen Mensch-Maschine-Systemen in der industriellen Produktion zu rechnen, die einen vielfältig qualifizierten, selbständig handelnden, verantwortungsbewußten und innovativen Mitarbeiter erfordern.

Die Frage stellt sich von selbst, welche Formen des Produktions- und Personalmanagements diesen neuen Bedingungen der Arbeitswelt gerecht werden können.

Die praktischen Erfahrungen in den Betrieben zeigen bereits deutlich, daß mit den alten Produktions- und Organisationsformen der Arbeit auch die klassischen Managementmodelle obsolet geworden sind, da sie allesamt den "subjektiven

Faktor Mensch" als Störgröße in einem sonst gut kontrollierbaren, rationalen Ablaufsystem der Produktionstechnik antizipierten.

Wenn wir heute erkennen, daß der arbeitende Mensch wieder mehr und mehr zum Dreh- und Angelpunkt der Produktion wird, kann diesem Umstand weder ein "Befehlsmanagement", welches den Mitarbeiter auf Gehorsamsrituale festlegt, gerecht werden, noch eine "wissenschaftliche Betriebsführung" à la Taylor, die den Menschen als "homo oeconomicus" mißversteht der vor allem seinen materiellen Vorteil sucht und ihn in seiner Verhaltenssteuerung auf einfache Reiz-Reaktions-Schemata reduziert.

Auch moderner formulierte "management-by-Techniken", die Faktoren wie Motivation, Verantwortung und Kognition mit einbeziehen, müssen versagen, weil ihr Ansatz zu partiell ist und sie deshalb an der Komplexität moderner techno-sozialer Systeme allzu oft scheitern.

Mit der Entdeckung der informellen Gruppenstrukturen in Organisationen durch Mayo (1933) und Roethlisberger (1935) in den 30er Jahren, den Studien zur Struktur der menschlichen Bedürfnisse und Motive durch Maslow (1954) sowie den Untersuchungen zur Arbeitszufriedenheit durch Herzberg (1966) in den 50er und 60er Jahren unseres Jahrhunderts entsteht in der Arbeits- und Betriebspsychologie eine neue, humanistische Denktradition, die zusammen mit sozialpsychologischen Ableitungen, z. B. aus der Feldtheorie von Lewin (1963), zu einer neuartigen Sichtweise der Organisationsproblematik führt und in amerikanischen Veröffentlichungen den Namen "organization development" erhält. Mit diesem Begriff wird zugleich der prozessuale Charakter dieses Ansatzes akzentuiert und wir definieren "Organisationsentwicklung (OE)" von ihren historischen Wurzeln, ihren Zielsetzungen und methodischen Merkmalen her in Anlehnung an die Gesellschaft für Organisationsentwicklung (GOE) e.V. als einen evolutionären, organisationsumfassenden Veränderungsprozeß von Organisationen und der in ihnen tätigen Menschen auf der Basis einer direkten Beteiligung aller Betroffenen und mit dem Ziel einer gleichzeitigen Steigerung der Leistungsfähigkeit der Organisation(Effektivität) und der Qualität des Arbeitslebens (Humanität).

Diese Definition der Organisationsentwicklung umfaßt freilich nicht alle Aspekte der Sache, die in Wirklichkeit so komplex ist wie der Gegenstand, auf den sie sich bezieht. Aus einer Literaturanalyse von Trebesch (1982) gehen nicht weniger als 50 unterschiedliche Definitionen hervor. (Einen anschaulichen Überblick des Definitionsproblems lieferten im übrigen Becker und Langosch [1984]).

In der Zusammenfassung dieser Definitionsmerkmale und in bezug auf unsere konkrete Problemlage der Arbeitssicherheit in der industriellen Produktion nehmen wir folgende Grundannahmen für eine erfolgreiche Organisationsentwicklung in Anspruch:

- OE ist eine globale, ganzheitliche Veränderungsstrategie, die gleichzeitig auf eine planmäßige Veränderung der Produktionsbedingungen (Sachdimension), der Mitarbeiterbedürfnisse (Personenorientierung), der Beteiligungsformen (Verantwortungsdimension) und der Formalisierungsbestrebung (Bürokratisierung versus Bewegung) abzielt.

- OE setzt voraus, daß alle beteiligten Mitarbeiter ein nicht im voraus festzulegendes, kognitives und affektives Veränderungspotential in sich tragen und zielt auf dessen Entfaltung ab. OE basiert also insbesondere auf der Innovationsfähigkeit und -bereitschaft der Mitarbeiter.

Von diesen Grundannahmen der humanistischen Psychologie und der sozialpsychologischen Feldtheorie aus formulieren wir für die Umsetzung als OE-Konzept nunmehr in Anlehnung an Becker/Langosch (a.a.O.) die folgenden "Axiome" der Organisationsentwicklung als Unternehmensphilosophie:

- Unternehmen sind sozio-technische Systeme, die der Dynamik des technologischen wie des gesellschaftlichen Wandels gleichermaßen unterliegen und sich damit ständig weiterentwickeln müssen.

- Die in einem Unternehmen (Organisation) auftretenden Probleme und Konflikte sind nicht allein eine Angelegenheit des Managements, sondern eine Herausforderung an alle Mitglieder der Organisation.

- Die in der Organisation tätigen Menschen repräsentieren gemeinsam mehr Problemlösungspotential als gemeinhin genutzt wird, weil oft hemmende Bedingungen der Organisation (hierarchische Verfestigungen, Bürokratismus) der Entfaltung dieses Potentials entgegenwirken.

- Die Mitglieder einer Organisation sind bereit, sich für die Ziele der Organisation einzusetzen, wenn sie verantwortlich mitwirken und dabei auch einen individuellen materiellen und/oder ideellen Nutzen erkennen können. Mitwirkung muß sinnvoll sein!

- Sinnvolle Arrangements für eine zielorientierte Zusammenarbeit und eine gemeinschaftliche Problemlösung setzen ein Lern- bzw. Veränderungspotential innerhalb der Organisation frei, daß zur persönlichen Entfaltung der Organisationsmitglieder ebenso beiträgt, wie zur Entwicklung der Organisation im Sinne ihrer Aufgaben und Ziele.

Bisher haben wir die Begriffe "System" und "Organisation" weitgehend synonym verwendet. Es empfiehlt sich aber, zum besseren Verständnis der Veränderbarkeit von sozialen Strukturen eine genauere begriffliche Differenzierung vorzunehmen.

Als "System" bezeichnen wir hier eine strukturelle Einheit höherer Ordnung mit Oberbegriffcharakter. Systeme sind also komplexe Ganzheiten und im Sinne der Systemtheorie betont diese Sichtweise vor allem den Gesichtspunkt der immanenten wie der externen Interdependenz und Verknüpfung. Strukturmerkmale eines Systems erhalten somit ebenfalls Systemcharakter, sind also Subsysteme.

Veränderungen in Subsystemen betreffen daher immer auch das Ganze, dem diese Unterganzheit angehört und die Veränderung des Ganzen hat auch Einfluß auf weitere Systeme gemäß deren Interdependenz.

Im Sinne der vorausgegangenen Betrachtung, kann aus der systemischen Sichtweise bereits verallgemeinernd festgestellt werden, worauf wir uns bei Veränderungsbemühungen einzustellen haben:

Der Systemansatz fordert eher eine multikausale als eine monokausale Analyse von Ereignissen. Auswirkungen von Veränderungen sind eher komplex und aufs Ganze gerichtet, als Einzelhaft und isoliert. Systeme lassen sich umfassend verändern, auch und gerade im Sinne der Philosophie der Organisationsentwicklung mit "bottom - up" - Strategien, also durch Veränderungen in den Basiseinheiten des Systems.

Den Begriff "Organisation" benutzen wir dagegen, wenn wir Systeme mit konkreten Handlungsbezügen und Zielsetzungen meinen. Die Begriffe "Systeme" und "Organisation" unterscheiden sich also nicht hinsichtlich ihrer Komplexität, wohl aber hinsichtlich des Abstraktionsniveaus, auf dem ganzheitliche Strukturen dargestellt und behandelt werden.

(Probst (1987) definiert zudem Organisationen als sich selbst regulierende Systeme mit ganzheitlichem Charakter. Diese Definition verweist darauf, daß wir es bei Organisationen nicht nur mit Systemen zu tun haben, die einer zweckrationalen Zielbestimmung sowie einer funktionalen Arbeits- und Machtverteilung folgen.

Organisationsentwicklung als Eingriff in ganzheitliche und teilweise sich selbst regulierende Systeme kann damit sowohl als globale "Philosophie" zur Veränderung von Organisationskulturen aufgefaßt werden, wie auch als konkrete Methode zur Gestaltung bzw. Umgestaltung von Organisationen und deren Subsysteme.

Im Sinne der globalen Umgestaltung wird der Organisationsentwicklungsansatz zu einem umfassenden Veränderungskonzept mit einem mehr oder weniger ausgeprägten kybernetischen Wechselspiel und wenig standardisierten Prozeduren des Veränderungsgeschehens.

Ein Beispiel dafür ist die "Harvard - Methode" von Lawrence und Lorsch (1972), welche ein globales Differenzierungs- und Integrationsmodell präferiert. Danach wird die Organisation um so besser arbeiten, je näher jede Einheit der Organisation (jedes Subsystem) dem Optimum zwischen Differenzierung und Integration kommt. Anders ausgedrückt: Subsysteme benötigen soviel Integration wie nötig und so viel Differenzierung (eigenständige Entwicklung und Identität) wie möglich.

Organisationsentwicklung setzt hier also am Spannungsverhältnis zwischen den zentralistischen und divergenten Kräften innerhalb des Gesamtsystems an und von dessen Analyse aus werden sequentielle Änderungsprogramme entworfen und schrittweise umgesetzt. Sie verfolgt insbesondere strukturanalytische Strategien.

Ein weiteres Beispiel für einen globalen Ansatz zur Veränderung der "Kultur" einer Organisation ist die "Managerial-Grid-Methode" von Blake und Mouton (1972). Hie lautet die Grundidee: Organisationsentwicklung vollzieht sich über die Veränderung des Führungsverhaltens.

Dabei wird Führungsverhalten auf zwei Verhaltensdimensionen geortet, nämlich als Aufgabenorientierung und als Mitarbeiter- bzw Bedürfnisorientierung. Über die Formulierung einer entsprechenden Führungstypologie und einer diesbezüglichen Diagnose des Führungsverhaltens in einer ersten Phase folgen im Grid-Modell fünf weitere Phasen, die über die Gesichtspunkte des Team-Trainings, der Entwicklung von Intergruppen in Beziehungen, der Klärung von neuen Organisationszielen zur Zielverwirklichung und Stabilisierung der Veränderung fortschreiten. Diese Strategie ist insbesondere top-down-orientiert.

Als drittes Beispiel einer Globalstrategie der Organisationsentwicklung sei die Methode des "work-structuring" erwähnt (vgl. Herzberg 1966, Mc Gregor 1970, Ulrich/Großkurth/Bruggemann 1973, Klein 1975).

Mit den Strategieschritten des work-enlargement (Ausweitung der Arbeitsaufgaben auf gleichbleibender Funktionsebene), des work enrichment (Aufwertung der Arbeitsaufgaben durch qualitativ höherwertige Inhalte), des job-rotation (Aufhebung von Monotonie), sowie der Bildung teilautonomer Arbeitsgruppen (Ausweitung des Verantwortungsspielraums) setzt dieses Modell vor allem bei den Arbeitsinhalten an und verfolgt insbesondere Gesichtspunkte der Humanisierung des Arbeitslebens. Es verfolgt dezidiert eine bottom-up-Strategie mit basisdemokratischen Elementen.

Die Beispiele zeigen, daß Organisationsentwicklung als Unternehmensphilosophie sehr unterschiedliche Grundideen verfolgen und diese zu spezifischen Veränderungsstrategien erweitern kann, je nach dem, ob, wie im ersten Beispiel, der systemische Zusammenhang zwischen der Organisation und ihren Subsystemen in den Vordergrund gestellt wird, oder, wie im zweiten Beispiel, das Führungsverhalten oder, wie zuletzt dargestellt, die Arbeitsinhalte selbst.

Welche der Strategien in einer Organisation erfolgreich angewandt werden kann (andere mögliche Modelle wurden hier aus Gründen der Übersichtlichkeit nicht erwähnt), hängt von den Veränderungszielen und -bedingungen ab, die im einzelnen Fall sorgfältig analysiert werden müssen. Es gibt also keine Patentrezepte, sondern nur ein prozessuales Aufeinanderzubewegen von Problemdefinitionen, Bedarf und Bedürfnissen, Zielvorstellungen und Veränderungsbereitschaft. Erst danach wird die geeignete Globalstrategie (unter Berücksichtigung der Selbstregulation) zu finden sein.

2.3. Strategien und Instrumente der Organisationsentwicklung als Methode:

Wie bereits angedeutet, ist es nicht zwingend, Organisationsentwicklung als Globalstrategie zu betreiben. Häufig beziehen sich OE-Maßnahmen auch auf einzelne Subsysteme oder Problemfelder einer Organisation. Organisationsentwicklung wird dann mehr und mehr instrumentell, d.h. zur unmittelbaren Methode des geplanten sozialen Wandels und ihr "bottom-up" - Charakter tritt deutlicher hervor.

In Bezug auf das hier zu beschreibende Projekt (Verbesserung der Arbeitssicherheit) steht naturgemäß der methodologische Aspekt der Organisationsentwicklung im Vordergrund, obwohl auch bei einer so spezifizierten Fragestellung Philosophie und Methode nicht vollständig voneinander zu trennen sind. Dennoch beschränken wir uns im folgenden auf die Darstellung der wesentlichsten strategisch-instrumentellen Vorgehensweisen der OE, die dem Leser ein grundsätzliches Verständnis unseres Ansatzes in der praktischen Sicherheitsarbeit erleichtern sollen.

a) Organisationsentwicklung ist ein evolutionärer Prozeß:

Zunächst ist zu beachten, daß Organisationsentwicklung ein evolutionärer Prozeß ist, d.h. es wird ein möglichst vielfältiges und breit gestreutes "Spielmaterial" der Veränderungsmöglichkeiten erzeugt, welches anschließend durch kritische Reflexion und praktische Erfahrung ausselektiert wird. Dabei ist der jeweilige Status der Entwicklung die Ausgangsbasis für den nächsten Entwicklungsschritt.

Daraus resultiert, daß OE-Prozesse nicht darauf orientiert sind, kurzfristig globale, spektakuläre oder gar revolutionäre Umwälzungen in der Organisation zu bewirken, sondern eher als langfristig angelegte Veränderungsstrategie der kleinen Schritte zu denken ist.

Auch die Zielorientierung folgt diesem Prinzip. Ohne das definierte Gesamtziel der geplanten Organisationsentwicklung aus dem Auge zu verlieren, werden die jeweiligen Nahziele im Sinne dieses evolutionären Prozesses ermittelt und verwirklicht, d.h., was als nächstes machbar ist, welche Umwege oder Zwischenschritte zu gehen sind, auf was zurückgegriffen werden muß, was weiterführt und was hemmt, ergibt sich aus dem jeweils zuletzt vollzogenen Entwicklungsschritt.

Eine solche Vorgehensweise kann daher auch nicht auf eine bewußte Prozeßorientierung verzichten. Ergebnisse müssen selbst dynamisch aufgefaßt werden, d.h. in jedem Ergebnis liegt bereits der Kern des nächsten. Der Weg des Veränderungsgeschehens, also das "Wie" einer Sache bestimmt wesentlich auch das "Was". Weg und Ziel werden so zu gleichberechtigten Bestimmungsgrößen des Veränderungsgeschehens. Organisationsentwicklung relativiert bewußt den in der Arbeitswelt häufig anzutreffenden "Effizienzfetischismus" (Hauptsache, das Ergebnis stimmt), ohne in das gegenteilige Extrem der "Prozeßverliebtheit" zu verfallen (der Prozeß ist alles, das Ziel nichts).

Organisationsentwicklung beherzigt also das alte lateinische Sprichwort: "eventus est magister stultorum" (Das Ergebnis ist der Lehrmeister der Dummen), denn wer die Wege seines Handelns nicht bedenkt, lernt nicht aus seinen eigenen Fehlern!

b) Organisationsentwicklung setzt an konkreten Erfahrungen an, macht Betroffene zu Beteiligten:

Ein weiteres prozessuales Hauptmotiv der OE als Methode liegt im Erfahrungsansatz. Betroffene werden zu Beteiligten des Veränderungsgeschehens, Problemverursacher zu Problemlösern.

Diese Grundidee hat zwei Wurzeln: Zum einen gilt die Einsicht, daß Menschen nur dann zu Mitgestaltern ihrer Verhältnisse werden können, wenn sie mit ihrem Wissen und Können, insbesondere aber mit ihren Erfahrungen akzeptiert und gewissermaßen dort abgeholt werden wo sie stehen. Lernen kann der erfahrene

Mensch nur, wenn seine kognitive Struktur den Einbezug von Neuem zuläßt.

Veränderungsprozesse der Wahrnehmung und des Verhaltens müssen also in der Kognition der Betroffenen verankert werden, sonst besteht die Gefahr, daß man nur "über" Menschen und Dinge redet, ohne diese wirklich zu erreichen bzw. zu erfassen.

Zudem ist davon auszugehen, daß jeder Mensch für seine eigenen Angelegenheiten (auch für die seiner Arbeit) der beste Experte ist, auch dann, wenn sein Zugang zu den Problemen (nur) von erfahrungsmäßiger und nicht auch von theoretischer Art ist.

Organisationsentwicklung impliziert, daß insbesondere in diesem Zusammenhang Innovation gedeihen kann und Identifikation mit Neuem entsteht, für das der Mensch auch die Verantwortung übernimmt. Veränderung bedeutet schließlich immer auch Kritik am Bestehenden. Viele von außen initiierte Neuerungen stoßen auf Widerstand, weil die notwendige innere Akzeptanz der Betroffenen fehlt, wenn diese sich nicht als Verursacher der Verhältnisse sehen und als Träger der Veränderung begreifen können. Das Prinzip, Betroffene am Geschehen zu beteiligen, sie also mit ihrer Erfahrung und ihrer Verantwortung einzubinden in den Prozeß der Veränderung, ist der entscheidende Motivator für Organisationsentwicklung.

c) Organisationsentwicklung ist immer ganzheitlich vernetzt:

Wie bereits erwähnt, gehen wir von Organisationen als komplexen Ganzheiten aus. Von daher ist der methodische Ansatz der OE ein systematischer. Alles hängt mit allem zusammen. Verfahrenstechnik und Organisation, Verhalten und Kommunikation bilden vernetzte Ganzheiten. Einzelne Verfahrenssequenzen und isoliert betrachtete Problembereiche sind in Wirklichkeit Subsysteme von umfassenderen Zusammenhängen.

Wenn ein leitender Mitarbeiter sagt: "Wir haben noch nie eine Verbesserung eingeführt, ohne an einer anderen Stelle dafür bestraft worden zu sein", dann bestätigt er damit genau diese Tatsache. Organisationsentwicklung muß das berücksichtigen und ist deshalb stets auf eine Ausdehnung bzw. Vernetzung der Informationsbasis, der Verbesserung der Qualifikation der Mitglieder der Organisation und der Vermittlung von Strategien des divergenten Denkens ausgerichtet: Benachbarte Bereiche werden mit einbezogen in die Diskussion, das Vorher und Nachher der Abläufe wird verfolgt, Rückmeldungen über das weitere "Schicksal" einer Aktion werden gegeben, Wissenslücken bei theoretischen Zusammenhängen durch gezielte Weiterbildungs-Inputs geschlossen.

Auf diese Weise entsteht ein gemeinsames Problembewußtsein, aber auch eine auf mehr Flexibilität orientierte neue Handlungsgrundlage der Beteiligten. Ziel dieses Vorgehens ist es, den Problemen vor Ort das "Gespenstige" also das Unbestimmte und Angstmachende zu nehmen. Probleme, die in ihren systemspezifischen Zusammenhängen gemeinsam diagnostiziert werden, müssen nicht länger durch Schuldzuweisungen an andere verdrängt bzw. anonymisiert werden. Es gilt das Sprichwort: "Problem erkannt, Gefahr gebannt"!

d) Organisationsentwicklung bedeutet Diskursgestaltung in Gruppen:

In der bisherigen Darstellung der prozessualen Merkmale der OE wurde bereits auf die Bedeutung der Kommunikation hingewiesen. Daraus resultiert ein weiteres tragendes Merkmal der OE als Methode: OE lebt von Dialog und Diskurs.

Das Dialogische der Vorgehensweise findet in der Arbeitswelt in der Regel auf zwei Ebenen zugleich statt. Zum einen ermöglicht der Dialog die Zusammenführung der partiellen Erfahrungen und Einsichten der einzelnen Organisationsmitglieder zu einem kollektiven Ganzen. Die erste Dialogstufe führt damit zu einer gemeinsamen Kompetenz auf der Erfahrungsebene: aus den Partialerfahrungen Einzelner wird eine Kollektiverfahrung mit einer eigenständigen und dem Umfang nach bedeutenden Fachkompetenz. Wir nennen dies das "Expertentum der Praxis". Schon hier wird deutlich, daß das auf Ganzheit angelegte Dialogprinzip folgerichtig zur Organisationsform der Gruppe führt.

Gruppenarbeit in allen möglichen Variationen bildet deshalb das Grundgerüst jeglicher OE-Methodik.

Eine Fortführung des Dialogprinzips besteht nun darin, dieses neu geschaffene kollektive Expertentum der Praxis mit dem Expertentum der Theorie, repräsentiert durch höhere Vorgesetzte, Fachleute aus Stabsabteilungen u. dgl., deren Fachkompetenz sich mehrheitlich aus der theoretischen Beschäftigung mit den Organisationsproblemen herleitet, zu konfrontieren.

Auf dieser Ebene wird dann der Dialog zum Diskurs. Anschauung und Erfahrung treffen sich in der Erörterung mit Theorie und Deduktion. Ein neues, gemeinsames Wissen um die in Frage stehenden Dinge entsteht. Ideen der Problemlösung oder der Veränderung werden im Diskurs entworfen, geschliffen und geprüft, weiterentwickelt oder verworfen, ausprobiert und bewertet. Aus Aktion wird Reflexion und aus Reflexion wieder Aktion. Mitunter gestaltet sich der Diskurs auch dialektisch; These und Antithese werden zusammengeführt zur Synthese auf einer höheren Ebene des Organisationsniveaus. Dieser Prozeß macht Problemlösung im speziellen möglich, aber auch Weiterentwicklung von Organisationen allgemein. Es zeigt sich aber auch, daß Kommunikationsfähigkeit und -bereitschaft in OE-Prozessen zu einer Schlüsselqualifikation wird, deren Entfaltung und Verbesserung deshalb oft selbst bereits ein Anliegen der OE sein muß.

e) Organisationsentwicklung verändert die affektiven Beziehungen in einer Organisation:

Kommunikation, Dialog, Diskurs, Experten der Praxis und der Theorie, Vorgesetzte und Mitarbeiter, kollektive Problemlösung, Gruppenarbeit sind Begriffe, die bereits ausreichend auf das Besondere der OE-Strategien hinweisen. Dennoch fehlt bisher ein wesentliches Merkmal. In OE-Prozessen ist auch auf die Beziehungsstrukturen der Organisation zu achten, auch diese gilt es zu verändern, soweit von ihnen hemmende Kräfte auf die Organisation ausgehen. Damit werden die auf Sympathie und Antipathie beruhenden Beziehungen zwischen den Mitarbeitern ebenso angesprochen, wie die Spannungen oder Rivalitäten informeller Gruppen und die Mitarbeiterführungsproblematik. Probleme der Arbeitszufriedenheit kommen ins Blickfeld. Dennoch ist OE keine Führungstechnik im engeren Sinne. Die Beachtung von Sach- und Beziehungsebenen im OE-Prozeß soll helfen, die fördernden bzw. hemmenden Kräfte im Aktionsfeld besser zu verstehen, die der Veränderung oder Problemlösung entgegenstehen.

Dies ist umso wichtiger, als Beziehungskonflikte oft im Gewande von Sachproblemen erscheinen und damit unerkannt das Veränderungspotential in der Organisation schmälern. Zu den Methoden der OE gehört es deshalb, diese Beziehungsebene im Hier und Jetzt zu behandeln. OE ist also vor allem gegenwartsbezogen, insbesondere aber keine Strategie der Vergangenheitsbewältigung. Im Sinne der themenzentrierter Interaktion Cohn (1975), werden z. B. Störungen im Beziehungsfeld unmittelbar bewußt gemacht oder es wird intervenierend durch Metakommunikation an der Klärung von Beziehungen gearbeitet.

Mit dem bewußten Einbezug der Beziehungsebene überwindet die OE ein Tabu, welches in der Arbeitswelt Tradition hat. Es wird hier in besonderem Maße deutlich, daß die Sachrationalität von Technik und Produktion nicht die ganze Wirklichkeit einer Industrieorganisation darstellt, sondern daß auch ihren sozialen Erscheinungsformen integrale Bedeutung zukommt.

f) Organisationsentwicklung benötigt externe Beratung:

Ein letzter Gesichtspunkt der besonderen Vorgehensweisen der OE knüpft an diese Einsicht an. OE bedient sich grundsätzlich der externen Beratung. Die Rolle des Beraters im OE-Geschehen ist jedoch von besonderer Art und hat insbesondere nichts gemein mit der eines Unternehmensberaters. Unternehmensberater sind Experten in bestimmten Sachfragen und lösen ihrerseits Probleme für die Organisation. Dieser Eingriff von außen widerspricht jedoch dem Konzept der OE, in dem die immanenten Veränderungs- bzw. Problemlösungspotentiale geweckt, gefördert und auf ein bestimmtes Ziel hin organisiert werden. Problemlösung geschieht also nicht von außen, sondern von innen her. OE-Berater sind demnach "Experten für Veränderungswissen", ihre Aufgabe ist die Prozeßberatung. Die amerikanische Organisationspsychologie verwendet deshalb auch den Begriff des "change-agent", womit die Rolle des OE-Beraters sehr genau umschrieben ist.

Der Change-Agent vermittelt bei Beziehungskonflikten, befähigt die Organisationsmitglieder, sich auf ihre eigene Kompetenz zur Lösung von Sachproblemen zu besinnen, ermutigt zur Veränderung von Organisation und Verhalten und moderiert den Auseinandersetzungsprozeß. Im Konfliktfall hilft er bei der Diagnose und organisiert den Diskurs. Es ist von besonderer Bedeutung, daß der OE-Berater in diesem ganzen Geschehen keine eigenen Interessen verfolgt, sondern stets der "ehrliche Makler" bleibt, der über den Partialinteressen steht. Aus diesem Grund ist es wichtig, daß er der Organisation selbst nicht angehört. Auf diese Weise wird gewährleistet, daß die Verantwortung für den Organisationsentwicklungsprozeß gänzlich in der Verfügung der Organisationsmitglieder bleibt und damit Authentizität und Verbindlichkeit für die Organisation bewahrt werden und Verantwortung nicht diffundiert. Die Durchsetzungsfähigkeit von OE-Maßnahmen hängt im besonderen von diesem "setting" des Vorgehens ab.

2.4. Grundannahmen für die Übertragung von Organisations-entwicklungsansätzen in die Arbeitssicherheit

Zum Verständnis des Folgenden soll hier noch einmal zusammenfassend auf die Thesen des ersten Kapitels "Kognitive Psychologie und Arbeitssicherheit" zurückgegriffen werden:

Betrachtet man die traditionelle Unfallforschung, so wird deutlich, daß neben technisch-organisatorischen und ergonomischen Ansätzen vor allem lernpsychologisch begründete Veränderungsstrategien in der Praxis der Sicherheitsarbeit angewandt werden. Im Vordergrund steht dabei die instrumentelle Konditionierung des menschlichen Verhaltens. Der Einsatz positiver Verstärker soll die Einübung arbeitssicherer Verhaltensweisen begünstigen, negative Verstärker sollen eine habituelle Meidungstendenzen riskanter Verhaltensweisen hervorrufen.

Soweit es sich um einfache Reiz-Reaktions-Schemata, z. B. im Sinne des Signal-Lernens im Arbeitsprozeß handelt, ist der lernpsychologische-behavioristische Ansatz zweifellos eine erfolgversprechende Methode zur Verbesserung der Arbeitssicherheit, wie wir bereits betont haben.

Werden die Zusammenhänge von menschlichem Verhalten und Produktionstechnik jedoch komplexer, so wie dies für die zukunftweisenden Technologien typisch ist, greift der lernpsychologische Ansatz als Konditionierungsstrategie unseres Erachtens nach zu kurz, da er darauf angelegt ist, stereotype Reaktionstendenzen des Verhaltens zu etablieren und zwar nach der Maßgabe eines vorher definierten Zielverhaltens. Arbeitsablauf und Verhalten werden einander linear-statisch zugeordnet.

Komplexe Mensch-Maschinen-Systeme erfordern aber einen Paradigmenwechsel: Arbeitsabläufe sind nicht mehr linear sonder vernetzt und mehrdimensional zu denken und Mitarbeiter haben sich differenziert- eigenverantwortlich statt bloß reaktiv in diesen Systemen zu verhalten. Die sogenannte "kognitive Wende", die seit Jahren die Theoriedebatte in der allgemeinen Psychologie bestimmt, muß auch in der Arbeitssicherheitspsychologie wahrgenommen werden.

In komplexen Arbeitssituationen muß zur Verbesserung der Arbeitssicherheit das Moment der individuellen Gefahrenkognition und der selbstverantwortlichen Verhaltensmodifikation hinzutreten. Das Lernen arbeitssicheren Verhaltens wird nach dieser Auffassung bestimmt durch Umorganisation der kognitiven Struktur auf der Basis von Einsicht und Selbstverantwortung des einzelnen Mitarbeiters, aber auch durch Veränderung der Organisation der Arbeit selbst in einer systemisch-selbstreferentiellen Sicht der Dinge.

Es geht demnach heute nicht mehr in erster Linie um fremdbestimmte Reiz-Reaktionsverbindungen, sondern um selbstbestimmte und -verantwortete, einsichtsvolle Lernprozesse "höherer Ordnung", wie sie dem Bild von einem vernunftbegabten und verantwortungsbewußtem Individuum als Mitarbeiter entsprechen, ebenso wie den vielfältigen Anforderungsgehalten seiner Arbeitswelt.

Hinter solchen Formulierungen wird freilich ein bestimmtes Menschenbild sichtbar und auch eine spezifische Auffassung vom Wesen technisch-sozialer Organisationen. In das Handlungsfeld Arbeitsschutz/Arbeitssicherheit umgesetzt, berechtigt dies unseres Erachtens nach zu den nachstehenden Grundannahmen:

- Diejenigen Mitarbeiter, die die gesundheitlichen Risiken der Arbeitswelt unmittelbar tragen, haben auch ein unmittelbares Interesse an der Minderung dieser Risiken.

- Niemand kennt die tatsächlichen Gefährdungen seines Arbeitsbereiches besser als die in diesen Arbeitsbereichen tätigen Menschen.

- Mitarbeiter stehen den Gefährdungspotentialen ihrer Arbeitsplätze nicht gedankenlos gegenüber, sondern sie entwickeln oft spontan auch Ideen zur Gefährdungsminderung.

- Die Einsichten der Mitarbeiter in die Verbesserungsmöglichkeiten der Arbeitssicherheit sind in der Regel subjektiv und partiell. Die Arbeitsorganisation (Arbeitsteilung, hierarchische Strukturen) trägt meist dazu bei, daß sie auch isoliert und deshalb wirkungslos bleiben.

- Diese subjektiven, partiellen und isolierten Einsichtspotentiale können in ein wirkungsvolles Veränderungspotential zugunsten der Arbeitssicherheit umgewandelt werden, wenn sie über ein gemeinsames Medium (Forum) ausgetauscht, reflektiert, ergänzt und geprüft werden.

- Die Akzeptanz von technischen, organisatorischen und/oder verhaltensbezogenen Veränderungen zugunsten der Arbeitssicherheit steigt mit dem Grad der Beteiligung der Mitarbeiter an der Entwicklung und Umsetzung dieser Veränderungen.

- Faktoren der Arbeitshygiene (Arbeitsbedingungen, Führung, Kollegialität, Betriebsklima, Wahrnehmung des Arbeitsumfelds) sind legitime Bestandteile der Arbeitssicherheitsbemühungen und müssen mit einbezogen werden.

Damit wäre aus den Grundideen und Prinzipien der Organisationsentwicklung eine Anzahl arbeitssicherheits-relevanter Hypothesen gewonnen, deren praktische Überprüfung in den weiteren Ausführungen vorgenommen werden soll.

Es soll untersucht werden, wie im Kontext des technologischen und organisatorischen Wandels neue Handlungsmöglichkeiten und Aktionsspielräume für die Sicherheitsarbeit entstehen und zu welchen Implikationen und Resultaten der Organisationsentwicklungsansatz hierbei führt.

3. Sicherheitsarbeit durch ganzheitliche Systembehandlung

3.1. Methoden der Gefährdungsanalyse

Für eine wirkungsvolle Sicherheitsarbeit ist eine regelmäßige und selbstkritische Analyse aller Arbeitsaktivitäten und ihrer Ergebnisse erforderlich, auf deren Basis dann die notwendigen Aktivitäten für die Zukunft zu entwickeln sind.

Folgende Fragestellungen sollten am Beginn einer kritischen Reflexion von Sicherheitsprogrammen stehen:

- Werden Gefahren systematisch ermittelt und abgebaut?

- Wird das Unfallgeschehen systematisch überwacht und ausgewertet?

- Werden Sicherheitsanforderungen und gewonnene Erkenntnisse für weitergehende Planungen genutzt?

- Werden alle Mitarbeitergruppen aktiv an der Sicherheitsarbeit beteiligt?

- Wird Arbeitssicherheit als Gemeinschaftsaufgabe verstanden, bei der alle vorhandenen Kapazitäten genutzt werden?

Die "Sünden", wie sie von Nill (1980) beschrieben wurden, sind zum Teil immer noch das Problem vieler Unternehmen, nämlich:

- Die isolierte Behandlung von arbeitssicherheitlichen Teilproblemen durch einzelne Spezialisten anstelle einer umfassenden, ganzheitlichen Betrachtung und Behandlung des jeweiligen Problems oder Systems.

- Die Voreiligkeit, mit der negative Antworten gegeben werden, bevor alle Möglichkeiten ernsthaft geprüft worden sind.

- Das Beharren auf dem, was man sicher beherrscht und wo man sich anderen überlegen fühlt.

- Die Verweigerung, in größeren Zusammenhängen zu denken und auch einmal zunächst utopisch erscheinende Möglichkeiten abzufragen.

Zwar gehört die "Fliegenklatschenpolitik", d.h. die unsystematische Arbeit im Arbeitsschutz in der industriellen Arbeitswelt (überwiegend) der Vergangenheit an und hat zunehmend einer systematischeren Betrachtung der Arbeitssysteme Platz gemacht, die Initiative liegt aber immer noch überwiegend bei den Sicherheitsfachkräften.

Gerade nach der Einführung des Arbeitssicherheitsgesetzes 1973 wurde die Rollenverteilung von vielen betrieblichen Führungskräften falsch gesehen. Es herrschte bei vielen Führungskräften die irrige Auffassung, daß Arbeitssicherheit alleinige Aufgabe der Sicherheitsfachkraft sei, die von dieser additiv (und möglichst störungsfrei) hinzuzufügen sei.

Insofern haben die positiven Impulse der neuen Arbeitsschutzgesetzgebung auch kontraproduktive Elemente eines falschen Bewußtseins gefördert. Es ist immer noch notwendig, einen entsprechenden organisatorischen Rahmen für die Sicherheitsarbeit zu schaffen, sowie den betrieblichen Führungskräften ihre Verantwortung zu verdeutlichen, ihnen aber auch gleichzeitig das nötige Handwerkszeug, die erforderliche Hilfestellung für die Wahrnehmung der Verantwortung zu geben. Die bewußtseinsmäßige Hürde, daß Arbeitssicherheit vor Ort "produziert" werden muß, ist längst nicht überwunden.

Noch immer wird von Sicherheitsfachkräften und Führungskräften der mögliche Beitrag der Sicherheitsbeauftragten und erst recht aller Belegschaftsmitglieder im Betrieb falsch eingeschätzt. Immer noch glauben Führungskräfte, daß Kompetenz, Sachkunde und Entscheidungsfähigkeit allein Ihnen vorbehalten seien, bei gleichzeitiger Delegation der Verantwortung für die Arbeitssicherheit.

Gefährdungsanalysen werden vorrangig nur dann durchgeführt, wenn sicherheitstechnische Entscheidungshilfen für die Planung von Arbeitsplätzen benötigt werden, wenn in einzelnen Arbeitssystemen aufgrund von Hinweisen auf besondere Gefahren zu schließen ist oder wenn bestimmte Arbeitsplätze eine besondere Unfallbelastung zeigen.

Es ist sicher kein Zufall, daß die größten Erfolge in Sachen Arbeitssicherheit in den Betrieben erzielt wurden, in denen das Sicherheitsprogramm zur eigenen (gemeinsamen) Sache gemacht wurde. (vgl. Merz 1988)

Im Rahmen eines fortschrittlichen Sicherheitsprogramms sind daher die zielgebundenen Einzelaufgaben im Grundsatz zu fixieren und zu einem geschlossenen Programm zusammenzustellen, die Wege zur optimalen Lösung der Einzelaufgaben im Hinblick auf die unternehmensspezifischen Gegebenheiten zu finden und festzulegen, die zur Programmdurchführung notwendigen Voraussetzungen zu schaffen und die Programmdurchführung konsequent zu betreiben.

Letztlich kann das aber nur heißen, daß alle Mitarbeiter eines Betriebes aktiv an der Sicherheitsarbeit zu beteiligen sind.

Zur Bestimmung des Gefährdungspotentials werden generell die folgenden Analysemethoden unterschieden:

- Die direkte bzw. unfallunabhängige Gefährdungsanalyse, d.h. die systematische arbeitssicherheitliche Überprüfung geplanter oder bestehender Systeme, sowie

- die indirekte bzw. unfallabhängige Gefährdungsanalysen, d.h., erst aufgrund von Hinweisen, die aus bereits geschehenen Unfallereignissen oder anderen Vorkommnissen (critical incidents) gewonnen wurden, werden Untersuchungen angestellt.

Abwandlungen der indirekten Methode sind außerdem:

- Die kasuistische Gefährdungsanalysen, d.h., aus der nachträglichen Untersuchung einzelner Objekte, Vorfälle und Probleme werden (isolierte) Schlüsse gezogen sowie

- die statistische Gefährdungsanalysen, d.h., durch das Aufdecken von mathematischen Gemeinsamkeiten bzw Zusammenhängen einer größeren Zahl von Vorfällen werden verallgemeinernde Schlüsse gezogen.

a) Grenzen und Probleme der indirekten Methode

Die indirekten Methoden der Gefährdungsanalyse liefern lediglich Informationen über einen Teil des gesamten Gefährdungspotentials, nämlich über jenen Teil, der bereits zu Verletzungen geführt hat. Die Ereignisse können deshalb nur dazu beitragen, die Wiederholung von Unfällen zu vermeiden. Sie liefern jedoch meist kaum Ansatzpunkte für vorbeugende Maßnahmen.

Diese Nachteile der indirekten Methoden lassen sich zwar mindern durch den Einbezug aller Verletzungen, auch der reinen Erste-Hilfe-Leistungen ohne Ausfallzeit sowie durch die Betrachtung aller Ereignisse über einen größeren Zeitraum, dennoch bleibt der Informationsgewinn beschränkt, da er insbesondere den präventiven Gesichtspunkt außer acht läßt.

Die stillschweigende Voraussetzung ist dabei außerdem, daß die betrieblichen Fertigungsbedingungen im betrachteten Zeitraum gleich bleiben. Es wird dabei nicht untersucht, ob die anhand der Unfälle erkennbaren Gefährdungen auch bei vergleichbaren Arbeitssystemen vorhanden sind und dort (vorbeugend) vermieden oder reduziert werden können.

Die Methode der indirekten statistischen Gefährdungsanalyse hat da Erfolgsaussichten, wo tatsächliche Schwerpunkte des Unfallgeschehens festgestellt werden können. Aufgrund der beschleunigten Technologieentwicklung und der geringeren Anzahl der Ereignisse (es geht nicht mehr so sehr um Massenfertigung, sondern der Trend geht in Richtung Kleinserie) nimmt die Bedeutung statistisch ausgewerteter Unfallanalysen immer mehr ab.

Jede Form der indirekten, statistischen oder kasuistischen Gefährdungsanalyse muß zudem unvollständig bleiben, wenn sie sich ausschließlich auf Unfallereignisse erstreckt, die in der Verletzung von Personen resultieren. Langjährige Erfahrungen zeigen, daß nahezu jedes kritische Ereignis, das zu Sachschäden oder Betriebsstörungen geführt hat, unter gleichen oder geringfügig anderen Umständen auch zur Verletzung von Menschen also zu Unfällen hätte führen können. Das wichtige Ereignis des "Beinahe-Unfalls" bleibt bei der indirekten Analyse demnach gänzlich außer Betracht.

Nicht zuletzt die Diskussion um die Kernenergie hat gezeigt, daß es eine absolute Sicherheit nicht gibt. Man versucht deshalb, dieses "Grenzrisiko" durch sicherheitstechnische Regelungen abzugrenzen und zu definieren, die, im Sinne der Schutzziele des Gesetzgebers, nach der unter Sachverständigen vorherrschenden Auffassung getroffen werden. So wurde unter dem Eindruck von Großstörungen bei der Novellierung der "Störfall-Verordnung" die "Sicherheitsanalyse zum Arbeitsschutz" ausdrücklich einbezogen. Ziel ist der Schutz der Arbeitnehmer bei Störungen des bestimmungsgemäßen Betriebes.

Jedoch: auch künftig werden nicht für jede neue Technik schon aus wirtschaftlichen Gründen derart umfangreiche Sicherheitsanalysen anzustellen s ein. Das im Idealfall anzustrebende Schutzziel "Sicherheit" ist also in der Regel bei neuen Verfahren nicht gleich erreichbar. Fehler bzw. "Kinderkrankheiten" sind per Verordnung wohl kaum abzufangen.

Es zeigt sich hier bereits, wo eine wirkungsvolle Sicherheitsarbeit ansetzen muß, nämlich nicht erst beim Training von Verhaltensweisen im Störfall, sondern bei der Eliminierung von frühzeitig erkannten Fehlerquellen.

b) System-Sicherheitsuntersuchungen als Methode der direkten Gefährdungsanalyse:

Eine moderne, präventive Sicherheitsarbeit muß somit bei dem Bemühen um System-Optimierung als umfassende Schwachstellenermittlung und das heißt auch bei der Schadensverhütung ansetzen.

Geräte und Systeme müssen entsprechend ihrer Sicherheitsklasse, ihrer Anwendung und ihrer zu erwartenden Umgebungsbedingungen ausreichend störsicher sein. Dies kann u.U. erreicht werden durch die Verhinderung von Störungen oder durch das rechtzeitige Erkennen der Ursachen und deren Beseitigung. Für die Sicherheitsfachkraft bedeutet dies, daß sie z.b. systematisch mit den Kollegen der Instandhaltung zusammen arbeiten muß. Ergebnisse aus Inspektions- und Störanalysen können wesentliche Ansatzpunkte für eine vorbeugende Sicherheitsanalyse geben. (vgl. Lemke, 1987)

Bei allen Anstrengungen im Rahmen der präventiven Sicherheitsarbeit muß man aber immer noch mit einem Anteil unvorhersehbarer Fehler rechnen, denn gerade bei neuen und sich in ständiger Weiterentwicklung befindlichen Technologien spiegelt auch das beste Prozeßmodell nur den gestrigen, weil bekannten Wissensstand wider. Fertig ist ein Prozeßmodell letztlich nie und deshalb für die Schwachstellenanalyse auch wenig geeignet.

Für diese verbleibenden Fehler bzw. Restrisiken hat der Rechner kein Programm, d.h. der Mensch mit seiner Kognition und Flexibilität wird immer unentbehrlich bleiben bei der Bewältigung aktueller Störfälle!

Diese Erkenntnis zeigt, daß dem Streben nach einer Automatisierung Grenzen gesetzt sind. Es geht nicht ohne die Menschen, will man in kritischen Situationen die Oberhand behalten.

Nach Burkardt (1985) gelten an hochentwickelten, weitgehend automatisierten Anlagen für den Störfall besondere Charakteristika.
Danach kennzeichnen typische Störfälle folgende Merkmale:

- einen fast übergangslosen Ansturm kritischer Signale,

- hohe Anforderungen an den Informationsaustausch der Beteiligten,

- Überforderungstendenzen in der Informationsverarbeitungskapazität,

- die Gefahr von kognitiven Blockierungen hinsichtlich der Bedeutung des Störfalls,

- ein zu geringes Erfahrungspotential wegen der Seltenheit und Unglückartigkeit der Störfälle.

Gefragt ist also nicht mehr nur die Beseitigung einzelner Gefährdungspunkte bzw. Belastungsfaktoren, sondern die umfassende Gestaltung der gesamten Arbeitsorganisation des ganzen Systems. Hierbei wir davon ausgegangen, daß die Forderungen nach sicheren Einzelkomponenten für die Sicherheit der Gesamtanlage und somit auch für die Sicherheit der an der Anlage beschäftigten Menschen richtig, aber nicht ausreichend ist.

Nicht zuletzt Erkenntnisse der Betriebsfestigkeitslehre der Luft- und Raumfahrt haben die zusätzliche Bedeutung des Systemverhaltens der gesamten Anlage, d.h. des Zusammenspiels aller Einzelkomponenten und die Reaktion des Systems auf Störungen an einzelnen Komponenten auch für andere Anwendungen aufgezeigt.

System-Sicherheits-Untersuchungen dienen vorrangig der direkten Gefährdungsanalyse in dem Sinne, daß sie:

- die aus Schadensfällen gewonnenen Erkenntnisse in die Planung zur Vermeidung von Schadenswiederholungen einfließen zu lassen;

- Schwachstellen so frühzeitig kenntlich machen, daß sie vor dem Versagen rechtzeitig ausgemerzt werden können;

- die Risikobeurteilung, insbesondere bei Neukonstruktionen und Erstausführungen mit dem Ziel einer möglichst objektiven Gefahreinschätzung leisten, sowie

- durch Inspektion und Wartung der Anlagen sowie Überwachung und Einhaltung der Betriebsvorschriften Zusatzbeanspruchungen auf ein Minimum reduzieren helfen.

Die gebräuchlichsten und wohl verständlichsten Formen von System-Sicherheits-Analysen sind die Fehlerbaum-Analyse, die Ausfall-Effekt-Analyse bzw. die Ereignisablauf-Analyse.

Für die Probleme, mit denen wir in der betrieblichen Praxis überwiegend zu tun haben, kommt allerdings die Anwendung von System-Sicherheits-Analysen in ihrer wissenschaftlich-mathematischen Form kaum in Betracht. Doch gibt es

stark vereinfachte Ableitungen, die für eine einfache und pragmatische Durchführung von System-Sicherheits-Untersuchungen dienen können.

Die Untersuchung und Auswertung von Schadensfällen kann z.b.. nach genau
den selben Prinzipien erfolgen, wie bei allen anderen Unfallereignissen.

Voraussetzung für eine gezielte Schadensverhütung ist dabei die Kenntnis der
Schwachstellen. Eine Maßnahme ist dazu der Erfahrungsaustausch über Be-
triebsverhalten und Schadensursachen. Grundlegend ist dabei die Weitergabe
von Informationen. Durch die schriftliche Erfassung und Sammlung nicht nor-
maler Vorgänge mit allen Daten, Details und Erscheinungsformen können Stör-
fall- und Schadenstatistiken erstellt und daraus wiederum umfassende Scha-
densverhütungsmaßnahmen erarbeitet werden.

Eine solche Prozedur stellt hohe Anforderungen an die Beteiligten, denn sie sind
verbunden mit einem hohen Aufwand an Dokumentation und unverblümter de-
tailgetreuer Darlegung der Fakten. Es muß geachtet werden auf Informations-
verluste bei der Weitergabe der Daten, auf mögliche Unschärfen und Verdich-
tungen und auf objektive Wissenslücken bei der zentralen Auswertung.

Gerade hinsichtlich der "Ehrlichkeit" bezüglich der Unfall- bzw. Schadensmel-
dungen bestehen bei Führungskräften und Mitarbeitern oft Probleme. Die Suche
nach der wirklichen Ursachenvoraussetzung für wirksame Verbesserungen wird
oft mit der Suche nach nach Schuldigen verwechselt. Die einen möchten ggf.
tatsächliches Fehlverhalten vertuschen, die anderen Pannen in ihrem Zuständig-
keitsbereich lieber mit ungelösten oder z. Z. noch nicht lösbaren, großen technischen Problemen erklären, als kleine Mängel im eigenen Bereich zuzugeben.
Insbesondere in hierarchisch strukturierten und autoritär geführten Betrieben
findet eine offene Kommunikation dann kaum statt.

Der Aufwand für eine Erfassung und Analyse mit Hilfe der Datenverarbeitung
ist überdies sehr hoch und aus wirtschaftlichen Gründen meist nicht vertretbar,
denn sie scheitert nicht selten bereits an der unzulänglichen EDV-mäßigen Be-
triebsdatenerfassung.

Die Folgerung kann nur sein, solche Untersuchungen von Anfang an in engem Zusammenwirken mit den Betroffenen vorzunehmen.

Dazu ist es notwendig, möglichst alle, auch die oberflächlich nicht erkennbaren Bedingungen und Einflußgrößen zu ermitteln, und Vorschläge zu entwickeln, die von allen mitgetragen werden. Die Erfahrungen aus der Arbeit in Werkstattzirkeln legt nahe, diese Instrumente auch auf System-Sicherheits-Untersuchungen zu übertragen.

Es müssen Beteiligungsgruppen zusammengestellt werden, deren Mitglieder Inhaltsexperten und Problemverantwortliche zugleich sind. Abhängig vom Problem sind oft nur wenige Zusammenkünfte zur Lösungsfindung erforderlich. Der Erfolg wird dabei aber wesentlich bestimmt durch die Zusammensetzung der Gruppe, die Moderation und die Umsetzung von Problemlösungen in die Praxis.

Durch die Einbeziehung der Betroffenen in die Lösungssuche und durch Kommunikation werden dann oft auch scheinbar unwesentliche Randbedingungen mit einbezogen, die bei einer externen zentralen Aufbereitung der Verdichtung der Informationen zum Opfer fallen, die für die Qualität der Problemlösung aber von wesentlicher Bedeutung sind.

Die Idee einer direkten Gefährdungsanalyse beruht also darauf, die Betroffenen von Betriebsstörungen und Unfällen zu Beteiligten der auf Sicherheit der Systeme zielenden Veränderungen zu machen, d.h. deren seismographischen Wahrnehmungen aufzugreifen und zu nutzen!

3.2 Arbeitsgestaltung und Arbeitssicherheit

In den Kontext dieser Überlegungen gehört letztlich auch, für eine menschengerechte Gestaltung der Arbeit und des Arbeitsumfeldes zu sorgen denn dies hat
einen primär-präventiven Charakter im Zusammenhang mit der Arbeitssicherheit.

Im einzelnen ist es Aufgabe der Arbeitsgestaltung:

- physische und psychische Beanspruchung zu optimieren, d.h. weder
  Über- noch Unterbeanspruchung vorzugeben,

- für ausreichende Platz- und Bewegungsverhältnisse am Arbeitsplatz
  zu sorgen,

- schädigende Emissionen zu vermeiden,

- die Umgebungsbedingungen so auszuwählen bzw. zu gestalten, daß
  gesundheitliche Risiken vermieden werden,

- organisatorische Voraussetzungen für die Logistik der Arbeit in die
  Überlegungen einzubeziehen, damit Zeitdruck und Hektik gemindert
  wird,

- sozialpsychologische Gesichtspunkte wie z.B. Führung, Kollegialität, Betriebsklima nicht außer acht zu lassen.

Das Konzept der Organisationsentwicklung bietet, wie noch zu zeigen ist, dafür
probate Möglichkeiten. Es hat sich bewährt, kollektiv und kooperativ die bestehenden Zwänge der an sich fremdbestimmten Arbeitsbedingungen zu untersuchen und zu verbessern. Sie bietet den Betroffenen echte Mitgestaltungs- bzw.
Mitwirkungsmöglichkeiten sowohl bei der Analyse, der Maßnahmensuche, der
Entscheidungsfindung und der Ausführung von Maßnahmen zum Abbau von
Gefährdungen bzw. zur Anlagenoptimierung.

Darüber hinaus begünstigt sie aber auch die Umgestaltung der Arbeitsorganisation und der Arbeitsabläufe, sowie die Erörterung der aus Sicht der Arbeitssicherheit erforderlichen Verhaltensmaßnahmen zur Beherrschung der verbleibenden Restrisiken.

467

Die realen, so vielfältigen und unterschiedlich vernetzten Systeme Mensch-Maschine-Umgebung sind mit den traditionellen indirekten Methoden nur schwer zu erfassen bzw. abzuschätzen.

Bei den betrachteten Sicherheitsproblemen handelt es sich durchweg um komplexe Anliegen. Es kommt für die erfolgreiche Arbeit darauf an,

- diese Komplexität der Probleme zu erkennen,
- alle Faktoren darzustellen, die eine Rolle spielen können,
- zu untersuchen, welche Faktoren im jeweiligen Fall wichtig und beeinflußbar sind.

Damit ergibt sich eine wesentliche Bedingung für den Umgang mit Komplexität: Wer eine Sache, um die es geht, oder das System, das es zu beeinflussen gilt, in den entscheidenden Wirkkräften nicht kennt, kann keinen sinnvollen Einfluß ausüben.

Um das Verständnis für Zusammenhänge und Abhängigkeiten zu verbessern, müssen neben der "reinen" Arbeitssicherheit die tangierenden Bereiche der Anlagentechnik, der Verfahrenstechnik und der Qualität von Arbeit und Produkt mit einbezogen werden. Dies gilt um so mehr, als der größte Teil der Arbeitssicherheitsprobleme ihren Ursprung in der Entstehung bzw. der Beseitigung von Prozeßstörungen hat.

Die deutliche Kopplung zwischen Arbeitssicherheit und der Aufgabe der Qualitätssicherung wurde von Lemke (a.a.O.) in folgenden Zusammenhängen dargestellt:

Abb. 4: Arbeitssicherheit und Qualitätssicherung

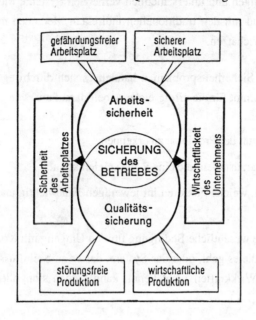

Die wesentlichen Störgrößen beeinflussen danach sowohl die Sicherheit am Arbeitsplatz, als auch die Produktivität: der Mensch, die Maschine (Anlage), das Material, die (Arbeit-) Methode und die Umwelt sind gleichermaßen beteiligt.

Zur sukzessiven Verbesserung der Arbeitsbedingungen ist nunmehr an eine idealtypische Schrittfolge zu denken:

Der erste Schritt sollte stets in der Schaffung einer sicheren Anlagentechnik liegen. Der zweite Schritt ist dann logischerweise die Schaffung sicherer Hilfsmittel und beherrschbarer Arbeitsbedingungen. Für die verbleibenden Restgefährdungen greifen schließlich die reinen Verhaltensmodifikationen bzw. die Veränderung der Kognition betrieblicher Vorgänge.

Es muß aber betont werden, daß diese idealtypische Schrittfolge nicht linear-additiv zu verstehen ist, sondern eher als Skript für den Prozeß. In der Praxis werden sie in einem ganzheitlichen Kontext in aller Regel in gegenseitiger Wechselwirkung vollzogen.

Ein anderes Problem ist der Umgang mit Vorschriften und Betriebsanweisungen im Zusammenhang mit der Arbeitssicherheit. Viele Vorgesetzte suchen in der Hoffnung Zuflucht, daß solche schwarz auf weiß verabreichten Hilfsmittel quasi von selbst ihre Wirksamkeit entfalten und sie selbst damit ihrer Unterweisungspflicht Genüge getan haben. Der Umgang mit der UVV spricht da für sich!

Die Unzulänglichkeiten dieser Vorgehensweise sind vorprogrammiert, denn bereits die Erstellung von Vorschriften und Regeln zur Sicherheitstechnik hält mit der beschleunigten Entwicklung in den Betrieben nicht Schritt. Vorschriften entstehen in der Regel erst aus Erfahrungen, nur selten aus vorausschauenden Sicherheitsanalysen oder Risiko-Ermittlungen und fast nie aus ganzheitlichen System-Sicherheits-Untersuchungen. D.h., wir können uns bei der Vermittlung sicherheitsgerechten Arbeitens nicht auf präzise Regeln stützen, die inhaltlich unumstritten sind und nur im Betrieb angewandt zu werden brauchen. Wir müssen vielmehr in weitem Umfang, gestützt auf eigene Erfahrung, Vorschriften und Regeln inhaltlich ausfüllen und neu interpretieren.

Dabei ergeben sich weite Beurteilungsspielräume und insbesondere bei der Einführung neuer Technologien und Arbeitsverfahren begegnet man in erheblichem Maße ungeregelten Freiräumen.

Wichtig ist daher, aus der Erfahrung und der Fachkunde der Betroffenen heraus auch solche Gestaltungsvorschläge einzubringen, die noch nirgendwo kodifiziert sind und deshalb auch noch nirgendwo nachgeschlagen werden können.

Es gilt also, bei technischen Innovationen durch eine schnell greifende und umfassende Methode der direkten präventiven Gefährdungsanalyse ein höchst mögliches Sicherheitsniveau zu erreichen und Gefährdungen auszuschließen, bevor diese wirksam werden können. Eine Sicherheitsfachkraft, die dies allein und dann auch noch beschränkt auf die konventionellen Methoden der klassischen Unfall- und Gesundheitsgefahren-Analysen zu lösen versucht, wird wenig Erfolg haben.

Skepsis ist weiterhin auch angezeigt, was die Rolle der Vorgesetzten in diesem Punkt anbelangt. Die Inanspruchnahme der betrieblichen Vorgesetzten ist nach unserer Erfahrung hier wenig hilfreich und führt kaum weiter. Es gibt keine schwierigere Aufgabe für eine in erster Linie technisch vorgebildete Führungskraft und auf keine ist sie in ihrer Ausbildung schlechter vorbereitet worden, als auf die Mitarbeiterführung (Sicherheitsfachkräfte werden hier ausdrücklich eingeschlossen).

"Führung" wird meist so verstanden, daß die Mitarbeiter veranlaßt werden, dasjenige optimal zu tun, was der Betriebszweck erfordert. Führung als ein Prozeß der gezielten Einflußnahme auf Personen und ihr Verhalten wird dabei - zum Teil aus persönlicher Unsicherheit, aber auch aus den eigenen Sozialisationserfahrungen heraus - überwiegend im Sinne von Befehl und Gehorsam interpretiert, insbesondere in kritischen Situationen. Ein veraltetes Rollendenken herrscht da oft noch vor. Eine Steigerung findet dieser Führungsstil mitunter noch in der Form des "Re-agierens" anhand von Betriebsanweisungen. Betriebs- und Gebrauchsanleitungen sind erforderlich - in vielen Fällen auch rechtlich vorgeschrieben - sie dürfen aber gerade auf dem Gebiet der Arbeitssicherheit kein Ersatz für Schutzeinrichtungen und -maßnahmen sein. Schon gar nicht aber dürfen sie zu Alibifunktion für die Vorgesetzten erhalten.

Noch immer herrscht leider weitgehend die Meinung, daß es für alles nur einen richtigen Weg gibt, nach dem man Dinge einfach, schnell und erfolgreich ausführen kann. Dies gilt insbesondere für die Fertigung technischer Güter und besonders dann, wenn anscheinend nichts weiter zu tun ist, als vorgedachte Prozeduren richtig nachzuvollziehen.

Wen wundert's, daß Vorgesetzte daher dazu neigen, diese Prinzipien, die auf manchem technischen Gebiet so überaus erfolgreich sind, zu verallgemeinern und auch auf menschliche Beziehungen anwenden zu wollen.

Wir sind der Auffassung, daß in der heutigen veränderten Arbeitswelt der autokratische Führungsstil - nicht zuletzt auch aus wirtschaftlichen Gründen - nicht mehr akzeptabel und insgesamt kontraproduktiv ist.

Daß Anweisungen in der Regel als Fremdbestimmung empfunden werden, ist ebenfalls nicht zu vernachlässigen. Externer fachmännischer Rat unterliegt nicht selten dem Verdacht des Earl of Chesterfield aus dem 18. Jahrhundert, der feststellte: "Gute Ratschläge sind selten willkommen und denen, die sie am nötigsten hätten, behagen sie stets am wenigsten."

Bettelheim (1987) bemerkt zutreffend, daß unsere Fähigkeit, Ratschläge auf vernünftige Weise zu nutzen, oft stark beeinträchtigt wird durch unseren Ärger darüber, daß unsere eigenen Ideen in Frage gestellt werden. Es könnte sogar sein, daß wir unbewußt zu scheitern versuchen, um unseren Ärger über den Experten abzureagieren. Wir suchen dann eine Bestätigung dafür, daß wir von Anfang an recht hatten und daß wir wissen, was gut tut und was nicht.

Viele Führungskräfte ignorieren diese Einsicht. Aufgrund des "Machtgefälles" wird dem Mitarbeiter seine Rolle immer noch klar zugeordnet: Als "Untergebener" hat er sich auch als Unterlegener, Gehorsamer, Unselbständiger zu verhalten! Solche Einstellungen und die daraus erwachsenden Reaktionsformen wirken dann zwangsweise als kognitive Sperre und ersticken alle Anregungen und Verbesserungsvorschläge der Mitarbeiter. Diese fühlen sich wiederum entmündigt und manipuliert.

Die Führungskraft muß zudem erkennen, daß unter der Maßgabe eines wirtschaftlichen, störungsfreien Betriebs für sie selbst wichtig ist, innerhalb ihres Verantwortungsbereichs die Kreativität wachzuhalten. Aufgabe des Managers ist daher zunehmend, nach Vorschlägen zu fragen, auf mögliche Lösungen zu hören, zu helfen, innovative Ideen aufzugreifen. Seine Rolle im modernen Unternehmen wird immer mehr die eines Beraters, eines Kommunikators und Moderators sein, als die eines Kontrolleurs und Besserwissers.

3.3 Implikationen und Folgerungen für eine zeitgemäße Sicherheitsarbeit

Es ist also notwendig, schon bei der Erstellung von Regelungen zur Arbeitssicherheit die breitere Wissensbasis aller zu nutzen und mit deren Einbeziehung gleichzeitig die leidigen Akzeptanzprobleme zu vermeiden. Dies bedeutet jedoch, Mitarbeiter und Vorgesetzte auch in diesem Sinne zu qualifizieren.

Den besonderen Anforderungen an die Mitarbeiter, im Störfall schnell, umsichtig und sicher einzugreifen steht entgegen, daß kritische Ereignisse mit der Notwendigkeit des Handeingriffs bei automatisierten bzw. rechnergesteuerten Anlagen selten geworden sind.

Die Seltenheit der Ereignisse und die Automatismen der Prozeßsteuerung wiederum führen leicht zu Nachlässigkeiten wie z.B. der Vernachlässigung notwendiger Soll-Ist-Vergleiche, einem großzügigeren Zugestehen von im Ernstfall nicht akzeptablen Toleranzen und vermeintlichen Arbeitserleichterungen. Ein Vergessen wichtiger Einflußgrößen und richtiger Handlungsabläufe führt dann zum Ernstfall schnell zum Unfall.

Die kleine Zahl, die geringe Vorhersehbarkeit und das oft niedrige physische Aktivitätsniveau bei gleichzeitig hoher notwendiger Aufmerksamkeitsspannung mit der ständigen Bereitschaft zum Eingriff, erfordert geeignete Methoden und Maßnahmen zum Training und zur Motivation.

Die Folgerung kann also nur sein, daß Verhaltensweisen für den Umgang mit kritische Situationen regelmäßig geübt werden müssen. Mit reinen Unterweisungen nach VBG 1 § 7 ("mindestens einmal jährlich") im bisher üblichen Unterweisungsstil sind diese Aufgaben nicht zu bewältigen. (Dies ist eine Erkenntnis, die den Teilnehmern am nachfolgend zu beschreibenden Projekt sehr schnell bewußt wurde und sie selbst auf Trainings für Verhaltensabläufe in kritischen Situationen bestehen ließ!)

Ein Unfallereignis tritt auch nur selten aufgrund einer einzigen Ursache auf. Die sorgfältige Untersuchung von System-Zusammenhängen zeigt, daß oft die zuerst genannte Unfallursache lediglich das im letzten Augenblick unfallauslösende Moment war, d.h. das letzte Glied einer Kausalkette oder genauer das letzte Ereignis eines kausalen Geflechts von Ursache-Wirkungs-Zusammenhängen. Solche Zusammenhänge sind - insbesondere bei Nichtbeteiligung der Betroffenen - nur schwer rekonstruierbar.

Hinzu kommt, daß gerade von Führungskräften die Unfallursache zu gern im momentanen Verhalten der Mitarbeiter gesucht wird. Man spricht dann leichthin von "menschlichem Versagen", ohne sich darüber Gedanken zu machen, ob etwa das Fehlverhalten unter den gegebenen Bedingungen erwartbar war. Als Maßnahme wird unterwiesen und bei der x-ten Wiederholung vergleichbarer Vorgänge Unverständnis über die angebliche Unbelehrbarkeit der Mitarbeiter geäußert.

In betrieblichen Störfall-Situationen kann es zudem zu Wert- und Zielkonflikten kommen, die sicherheitswidriges Verhalten geradezu provozieren und: mitunter wird es von dem einen oder anderen Vorgesetzten im vermeindlichen Unternehmensinteresse nicht nur geduldet, sondern geradezu erwartet, daß z.B. die Produktion weiter läuft, obwohl ein präventiver Eingriff richtiger gewesen wäre.. Es bedarf viel Überzeugungskraft, diese überkommenen Denkweisen zu ändern.

Eine weitere Implikation für eine Verbesserung der Arbeitssicherheit liegt in der Kooperationsfähigkeit und -bereitschaft zwischen Produktionsmannschaft und der Instandhaltung. Sowohl für das Bedienungspersonal von Anlagen, als auch für die Instandhalter beinhaltet die Störsituation und deren Behebung ein hohes Maß an zusätzlichen Gefährdungen, die aus folgenden Ursachen resultieren:

- Dem gleichzeitigen Arbeiten mehrerer Personen in verschiedenen Ebenen,

- der mangelnden Koordination und ungenügenden Arbeitsvorbereitung, da das Ereignis ja unerwartet auftritt und Aufsicht mitunter nicht gewährleistet ist,

- der Arbeit unter Zeitdruck und unter erschwerten Umgebungsbedingungen bzw. Platzverhältnissen,

- der Arbeit in Anlagenbereichen bei weiterhin bestehenden Gefährdungen aus Nachbarbereichen,

- der Arbeit an nicht ordnungsgemäß abgeschalteten und gesicherten Anlagen oder gar bei ausgeschalteten Sicherheitseinrichtungen,

- der Gefahr des Auslösens von Bewegungen bzw. des unbeabsichtigten Betätigens von Steuerelementen,

- der mangelnden Kenntnis über die Verkettung der Anlagen über gemeinsame Energie- bzw. Steuersysteme,

- der Funktionsprüfung im Betriebszustand. (Die Störsituation verleitet dann geradezu zur Improvisation und zum Eingehen erhöhter Risiken!)

Die oft vorschnelle Einstufung eines Unfalls unter "menschliches Versagen" wirkt da geradezu provozierend. Erst die gemeinsamen Nachuntersuchungen fördern meist die eigentlichen technischen organisatorischen und verhaltensbezogenen Mängel im System zu Tage, die es zu beseitigen gilt, will man dem Irrtum entgehen und vom Zufall unabhängig werden.

Es fällt uns gemeinhin schwer, den Menschen als fehlbar zu akzeptieren obwohl gerade dies antizipiert werden muß, wenn man Dinge nachhaltig und sicher verändern will. Hält man die Ursachensuche frei von einer evtl. Schuldfrage, so kann aus einer gemeinsamen, offenen Unfallanalyse die Grundlage für eine wirkungsvolle Vermeidung von Wiederholungsfällen geschaffen werden.

Gerade in hoch automatisierten Produktionsprozessen muß auch berücksichtigt werden, daß durch die Verschiebung der Arbeitstätigkeit in Richtung Proseßüberwachung neue Fehlerquellen geschaffen werden. Es muß z.B. davon ausgegangen werden, daß:

- infinitesimal eingeengte Entscheidungsspielräume meist zu extremen Konsequenzen bei Falschentscheidung und damit zu einem sehr hohen Verantwortungsdruck führen,

- eine Überflutung mit digitalen Informationen leicht zu Fehlbewertungen und zur Ableitung falscher Schlüsse bei der Maßnahmenplanung beitragen,

- die Flexibilität des Wahrnehmens und Denkens in nicht klar strukturierten Situationen schnell überfordert ist.

Die Erkenntnis, daß gerade viele neue Technologien und organisatorische Arbeitsveränderungen mit z.T. neuartigen Fehlerquellen behaftet sind, ist fundamental für das Finden neuer Lösungswege in der betrieblichen Sicherheitsarbeit. Eine wirkungsvolle System-Optimierung zielt daher auf eine Konzeption, mit der auch Motivationsfragen, systemimmanente Zielkonflikte und mentale Vigilanzprobleme behandelt werden können.

Es sollte deutlich geworden sein, daß nach allem, was bisher gesagt wurde, Arbeitssicherheit letztlich nur noch als interdisziplinäre Gemeinschaftsaufgabe aller Interessengruppen im Betrieb zu erreichen ist. Dies hat zu geschehen unter Beachtung jenes ganzheitlich-komplexen Systems von Mensch - Material - Maschine - Umgebung mit den vielfältigsten Wechselwirkungen.

Die bisher dominanten und in aller Regel behavioristisch begründeten Konzepte zur Verbesserung der Arbeitssicherheit im Betrieb sind unter den gegebenen Bedingungen und Implikationen obsolet geworden.

B) Praxisteil

4. Neue Technologie und die Veränderung der Arbeitstätigkeit: Rahmenbedingungen für die Praxis

Technisch-organisatorische Fragestellungen sind heute nicht mehr isoliert als Einzelaspekte der industriellen Produktion zu betrachten, sie sind vielmehr eingebunden in einen Gesamtkomplex von Technikentwicklung und Zukunftsperspektiven menschlicher Arbeit, aus dem heraus sich der Stellenwert partieller Problemstellungen und möglicher Antworten erst in begründeter Weise ergibt. Dies vorausgesetzt sollen hier zunächst noch einige allgemeine Gesichtspunkte unseres Praxisthemas dargestellt werden, ohne die das Neuartige der Herangehensweise an das Problem der Arbeitssicherheit unverständlich bliebe.

Unser Projekt bezieht sich auf die Verhältnisse in der Stahlindustrie und insbesondere hier auf Arbeitsweisen in der modernen Gießtechnologie. Auf unspektakuläre Weise haben in den letzten 15 bis 20 Jahren Zukunftstechnologien auch die Stahlerzeugung erfaßt. Computergestützte Steuersysteme sind an die Stelle von mechanisch/manuellen Prozeßsteuerungen getreten.

Insbesondere das Vergießen von Edelstählen auf Stranggießanlagen stellt eine dieser neuen Technologien dar. Allgemein war die Entwicklung der Stranggießtechnik in den letzten Jahren gekennzeichnet durch eine Erhöhung der zu gießenden Schmelzgewichte, eine Steigerung der Gießgeschwindigkeiten, die Vergrößerung der Gießabmessungen, eine Zunahme des Automatisierungsgrades, die Vergrößerung der Anzahl stranggußfähiger Stahlsorten, die Verbesserung der Produktqualität und die Ausweitung der Sequenzgießtechnik.

Dies wäre ohne den umfassenden Einsatz von Prozeßrechnern nicht möglich gewesen. Es galt, Prozeßmodelle zu entwickeln, zu testen und immer wieder zu optimieren, um diese Ziele zu erreichen. Der ständige Dialog des Menschen mit diesen im Echtzeitbetrieb arbeitenden Systemen stellt die Bedienungsmannschaft vor eine völlig neue Situation.

Bedingt durch die Strukturkrise der Stahlindustrie erfolgte der Umbruch zum Teil unter erheblichem Zeit- und Erwartungsdruck. So sind in den Stahlwerken sehr schnell komplexe Mensch-Maschine-Systeme entstanden, die neue Organisationsformen der Arbeit aber auch neue Qualifikationsstrukturen beim arbeitenden Menschen erforderten. Die ursprüngliche Polarität von Mensch und Maschine ist heute weitgehend aufgehoben in einer engmaschigen Vernetzung von technologischer Organisation und menschlichem Verhalten, die sich wechselseitig bedingen. Der "subjektive Faktor", der Mensch also, ist demnach auch nicht länger die vermeintlich letzte Störgröße in einem sonst perfekt funktionierenden technischen System, dem man mit tayloristischen Rationalisierungsstrategien und ergonomischen Maßnahmen zu Leibe rücken muß, möglichst mit dem Ziel, ihn schließlich ganz aus dem Produktionsprozeß zu eliminieren.

Vielmehr sehen wir einen neuen Facharbeitertypus entstehen; Mitarbeiter nämlich, die neben ihrem theoretisch fundierten, breit angelegten Fachwissen ein hohes Maß an Entscheidungsfähigkeit, Verantwortungsbewußtsein und Innovationsbereitschaft aufweisen und die darüber hinaus Spezialisten für anlagenbezogene wie auch zwischenmenschliche Kommunikationsprozesse und Problemlösungsstrategien sind.

Dynamische und ganzheitliche Arbeitsorganisationen heben atomistische, sinnleere Arbeitsteilungen auf und damit auch die repetitiv monotonen Arbeitsvollzüge. Die arbeitenden Menschen können durchaus darauf rechnen, wieder größer werdende Handlungs- und Entscheidungsspielräume in der industriellen Arbeit vorzufinden, mit besseren Entwicklungs- und Entfaltungsmöglichkeiten ihrer Qualifikationen. Beteiligung und workenrichment kennzeichnen die industrielle Arbeitsorganisation der Zukunft. Die Arbeitskraft des Menschen wird dementsprechend weniger in der Bereitstellung von Muskelkraft zu sehen sein, als viel mehr in der Verfügbarmachung disponierender und problemlösender geistiger Potentiale.

In einer Studie des Max-Planck-Instituts für Bildungsforschung aus den 70-er Jahren über den Zusammenhang von Qualifikation und technischem Fortschritt stellte Krais (1979) in der Zusammenfassung der Ergebnisse verschiedener empirischer Untersuchungen zum Thema noch verallgemeinernd fest, daß die Größenordnung der Veränderung von Qualifikationen durch technischen Wandel "im Bereich von einigen Promille" (S. 107) lägen, bezogen auf den Beobachtungszeitraum eines Jahres.

Schon fünf Jahre später konnte dieser Auffassung entschieden widersprochen werden. In dem Buch "Das Ende der Arbeitsteilung? Rationalisierung in der industriellen Produktion" machen die Autoren Kern und Schumann (1984) ganz andere Trends aus:

In den drei Kernbereichen industrieller Arbeit (Automobilbau, Werkzeugmaschinenbau, chemische Industrie) konstatieren sie einen erheblichen Zuwachs an Facharbeitertätigkeiten; in einem Betrieb des Maschinenbaus z. B. von 49 % im Jahre 1974 auf 80 % im Jahre 1982. Den Maschinenarbeiter der Zukunft sehen sie als "Systembetreuer", eine Arbeit, für die man zwar noch die alten Kenntnisse und handwerklichen Fertigkeiten als Hintergrundwissen brauche, die zusätzlich aber Gesamtübersicht und Eingriffskompetenz in das technische Großsystem erfordere. Das Fazit der Autoren lautet dementsprechend:

Ein sprunghafter Wandel der Produktions- und Organisationskonzepte sei in den Kernindustrien in vollem Gange, Qualifikation sei auch bei den Arbeitern wieder gefragt, ganzheitliche Arbeitsgestaltung setze sich mehr und mehr durch.

Eigene Untersuchungen in der Stahlindustrie hatten zum Ergebnis, daß der Anteil der Facharbeitertätigkeiten zwischen 1980 und 1985 von 36% auf 52% angestiegen war und zwar offensichtlich auf Kosten der Hilfsarbeitertätigkeiten ohne besondere Qualifikation, die im gleichen Umfang schrumpften.

Moderne Technologien und neue Formen der Arbeitsorganisation führen aber nicht nur zu neuen Arbeitsinhalten und Qualifikationsanforderungen, sondern auch zu neuen Identifikationsmöglichkeiten mit der beruflichen Arbeit.

In diesem Zusammenhang stellt sich dann auch die Frage der Sinnfindung und der Arbeitszufriedenheit neu. So wie den monoton-repetativen Tätigkeiten der arbeitsteiligen Organisation eine gewisse Sinnleere der Arbeit zugeschrieben werden kann, so besteht in den neuen Organisationszusammenhängen und technischen Möglichkeiten eine neue Chance für eine positive Identifikation mit der Arbeit, mit günstigen Auswirkungen auf die Arbeitszufriedenheit des Einzelnen und auf seine Arbeitsmotivation.

Es ist davon auszugehen, daß diese Leitlinien zur Mitarbeiterqualifikation und - identifikation im Zusammenhang mit neuen Technologien und moderner Arbeitsorganisation auch entscheidende Auswirkungen auf das Problemfeld der Arbeitssicherheit im Betrieb haben. Arbeitssicherheit kann nicht länger als Einzelaspekt der industriellen Arbeit gesehen werden. Nur technisch-ergonomische Ansätze greifen zu kurz angesichts der komplexen Mensch-Maschine-Ganzheiten heutiger Produktionsformen, isoliert verhaltenspsychologisch-adaptive Verhaltenstrainings finden, wie bereits dargestellt, ebenfalls schnell ihre Grenzen.

Die Dynamik moderner Arbeitsorganisation erfordert eine andere Art der Gefahrenkognition. Arbeitssicheres Verhalten hängt mehr und mehr davon ab, in welcher Weise der arbeitende Mensch die vielfältigen technischen und organisatorischen Prozesse, die seine Arbeitsumgebung bestimmen, wahrnimmt und gedanklich weiterverarbeitet. Präventive Arbeitssicherheit hat genau so viel zu tun mit den Kommunikationsstrukturen im Arbeitsprozeß, wie mit spezifischen Anlagenkenntnissen und einem detailgenauen Verständnis für Prozesse der Verfahrenstechnik. Veränderungspotentiale zum arbeitssicheren Verhalten werden in dem Maße verfügbar, wie die Identifikation mit der Arbeit und der Organisation gelingt, Problembewußtsein und Veränderungsbereitschaft entsteht und sich ein erfolgversprechendes Konfliktmanagement vor Ort entwickeln läßt. Arbeitssicherheit ist also ein Teil der Unternehmenskultur!

Diese Hinweise mögen vorerst genügen um deutlich zu machen, daß wir das Problem der Arbeitssicherheit im Kontext moderner Technologien und ihrer Auswirkungen auf die Organisation menschlicher Arbeit neu fassen müssen.
Die folgenden Ausführungen sollen unseren neuartigen organisationspsychologisch begründeten Ansatz zur Verbesserung der Arbeitssicherheit im Betrieb anhand eines Projektberichts aus der Praxis exemplifizieren.

5. Das Projekt: "Verbesserung der Arbeitssicherheit durch Organisationsentwicklung"

5.1 Ausgangssituation und Untersuchungsziele:

Gegenstand des Projekts war die Handhabung der Gießtechnologie in einem Stahlwerk, in der ein erheblicher technologischer Wandel stattgefunden hatte. Es war bemerkbar geworden, daß die neue Gießtechnologie, das sogenannte Stranggießverfahren, in der flüssiger Stahl kontinuierlich in Stränge verschiedener Abmessungen und Formate als Vorprodukt des Walzvorgangs umgewandelt wird, zwar enorme wirtschaftliche Vorteile aufweist, jedoch nicht von den Produktionsarbeitern sicher beherrscht wurde. Die Unfallhäufigkeit und -schwere war signifikant höher, als in der konventionellen Kokillen-Blockguß-Technik.

Durch eingehende Arbeitsanalysen und deren Aufbereitung mit den Beschäftigten sollten kritische Situationen besser erkannt und technische, organisatorische und verhaltensbezogene Maßnahmen gesucht und eingeführt werden mit dem Ziel, die Unfallgefahren zu mindern und die Unfallhäufigkeit zu senken.

Im Rahmen unseres Vorhabens sollten erstmals die Vorgehensweisen der Organisationsentwicklung zur Optimierung der Sicherheitsstandards einer Stranggießanlage erprobt werden.

Anzumerken ist, daß ein Großteil der Mannschaft seit der Inbetriebnahme der Anlage dort beschäftigt war. Die Anlage befand sich zur Zeit des Vorhabens jedoch auch noch in ständiger Weiterentwicklung, insbesondere im Hinblick auf das Produktionsprogramm Vergießen von Edelstahl, damals einmalig in der Welt, da man bis dato in Fachkreisen die komplizierte Edelstahlmetallurgie für ungeeignet hielt, sie im Stranggießverfahren handhabbar zu machen. Das neue Verfahren war also auch in technologischer Hinsicht eine Pionierleistung von besonderem Rang.

Wir gingen davon aus, daß in der Mannschaft ein reiches, bisher nur mangelhaft genutztes Erfahrungspotential vorhanden sei, daß aktiviert und als ein wirkungsvolles Veränderungspotential zugunsten der Arbeitssicherheit genutzt werden könnte. Die Mannschaft sollte daher von Beginn an in den Prozeß eingeschlossen werden. Sie sollte nicht nur ihre Erfahrungen beitragen, sondern mitgestalten und mitverantworten, was an Veränderungen notwendig sein würde.

Wir erwarteten davon

- eine umfassende Bestandsaufnahme der Gefährdungsschwerpunkte,

- eine Minderung der Arbeitsbelastungen in der Anlage durch technische und organisatorische Maßnahmen,

- eine Anhebung der Fachkompetenz der Beschäftigten,

- ein Abbau der streßverursachenden Bedingungen der Arbeit,

- eine menschengerechte Gestaltung der Arbeit sowie

- eine höhere Akzeptanz bezüglich der gemeinsam erarbeiteten Maßnahmen

Die erreichten Verbesserungen sollten sich im Absinken der Unfallhäufigkeit und der Anzahl der Störereignisse sowie in einem Ansteigen der Arbeitszufriedenheit zeigen. Diese Indikatoren sollten zugleich einer empirischen Untersuchung in Form eines Vorher-Nachhervergleichs unterzogen werden.

Aufbauend auf einer Gefährdungsanalyse aus den bisherigen Unfallstatistiken sowie einer Befragung aller Beschäftigten zur subjektiven Einschätzung der Gefährdungen und der allgemeinen Arbeitsbedingungen wurden erste Arbeitshypothesen gebildet.

Aufgrund dieser Voruntersuchungen wurden Problemschwerpunkte der Arbeitssicherheit identifiziert und zwar das

- Arbeiten am Strang

- an der Verteilerrinne und

- an der Pfanne.

Eine besondere Berücksichtigung sollten dabei auch die "kritischen Ereignisse" sowie die spezifische Störfälle, insbesondere die häufig wiederkehrenden, finden.

a) Kurzbeschreibung der Anlage:

Das Erschmelzen des Stahls erfolgt in einem UHP-Elektro-Lichtbogenofen. Das Schmelzgewicht beträgt 140 Tonnen. Nach Abschluß der pfannenmetallurgischen Arbeit (Legieren, Entgasen, bzw. Behandlung im Pfannenofen) gelangt die Gießpfanne mittels eines Pfannentransportwagens aus dem Elektro-Ofen-Bereich in die Gießhalle. Hier wird die Pfanne entweder im Blockguß vergossen (konventionelles Verfahren, nur für bestimmte Stahlgüten), oder in der Stranggießanlage weiterverarbeitet.

Die folgende Schemazeichnung zeigt die Veränderung des Produktionsverlaufs vom Blockguß zum Strangguß, insbesondere die deutliche Verkürzung der Schrittfolge der Produktion im neuen Verfahren:

Abb. 5: Vergleich Blockgieß- Stranggießverfahren

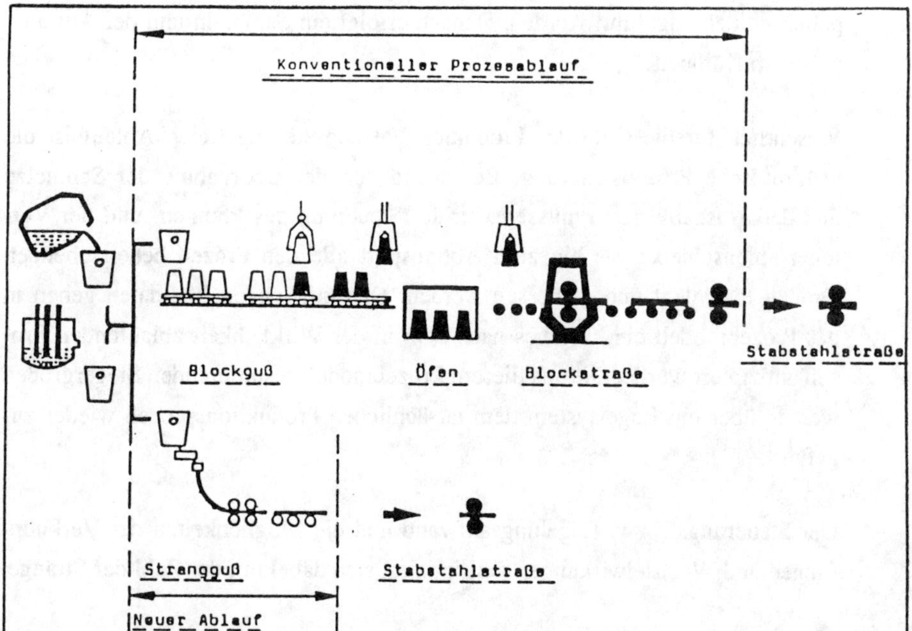

Bei der untersuchten Stranggießanlage handelt es sich um eine Knüppel-Stranggießanlage mit 6 Strängen für das Vergießen von unlegierten und legierten Edelstählen. Es können wahlweise Strangquerschnitte von 135 x 135 mm, 150 x 150mm und 175 x 175 mm erzeugt werden. Die Anlage wurde zwischenzeitlich erweitert auf Vorblockformat von 265 x 265 mm Querschnitt. Der Gießgeschwindigkeitsbereich wurde mit Rücksicht auf das Programm mit 0,8 - 2,4 Meter pro Minute ausgelegt. Der Radius des Strangkreisbogens beträgt 9 Meter. Unter Berücksichtigung der festgelegten Anlagenparameter ergibt sich eine Produktionsleistung von ca. 30 000 Monatstonnen bzw. 360 000 Jahrestonnen.

Der Ablauf des Gießvorgangs gestaltet sich folgendermaßen: Die Pfanne mit dem zu vergießenden Stahl wird in einen Pfannendrehturm eingesetzt und über die Verteilerrinne geschwenkt. Diese Rinne mit sechs elektronisch regelbaren Ausgüssen verteilt den Stahl auf die Stränge. Die Rinne hat zudem eine Pufferfunktion. Durch die wassergekühlten Kokillen wird der erstarrende Strang über einen Rollgang durch die Spritzkammern ausgefördert. Am Ende des Kreisbogens erfolgt in den Richttreibern das Richten der Stränge, die dann in den Trennanlagen auf die gewünschte Länge getrennt und über Rollgänge den Stempelmaschinen zugeführt werden. Danach erfolgt ein Sammeln und der Abtransport vom Kühlbett.

Wesentlich für die Güte des Produktes und den störungsfreien Ablauf ist die elektronische Prozeßsteuerung. Beginnend von der Übernahme der Schmelze und den Ausgangsdaten müssen von der Steuerung des Pfannen- und der Verteilerrinnenschieber bis hin zum Abtransport alle den Prozeß beherrschenden Größen festgelegt und gemessen werden. Die anfallenden Meßdaten gehen in das Prozeßmodell ein, welches nach dem in der Wirklichkeit ablaufenden Prozeß antizipiert wurde. Die aus diesem Prozeßmodell resultierenden Steuergrößen werden über ein Regelsystem dem tatsächlichen Produktionsprozeß wieder zugeführt.

Der Steuerungs- bzw. Regelungsaufwand und die Möglichkeiten der Verknüpfungen und Wechselwirkungen multipliziert sich dabei mit der Zahl der Stränge.

Strangsteuerung, Strangverfolgung, Strangtrennung, Schnittlängenvorgabe, Restlängenoptimierung, Stempeln und das Berichtswesen müssen für jeden Strang gesondert bewerkstelligt werden.

Die Automatisierung erfolgt dabei in unterschiedlichen Prozeßebenen, realisiert mit freiprogrammierbaren Steuerungen und Einzelrechnern, die der Prozeßleitebene (Leitstände) zuarbeiten. Es sind dazu auf der Gruppen- bzw. Strangebene eine Fülle von Steuerungs- und Regelaufgaben zu erfüllen.

Die Bedienung und Überwachung erfolgt dabei sowohl für die Einzelstränge an den Gießerpulten (vor-Ort-Steuerstellen), als auch in den Leitständen (Gieß- bzw. Brennschneidleitstand). Eingriffe sind zudem von den vor-Ort-Steuergeräten, zum Beispiel zur Notbefehlsgabe, möglich.

Die Beherrschung der unterschiedlichen Betriebsarten wie Automatik-Rechner-Betrieb, Automatik-Hand-Betrieb, Handbetrieb und Notbetrieb der Stranggießanlage erfordern von der Mannschaft ein komplexes know how der Verfahrenstechnik und beinhalten gleichzeitig enorme Einflußmöglichkeiten verbunden mit einer hohen Verantwortung für die Anlagenwerte und die Produktqualität.

Diese vereinfachte Beschreibung der Anlagenautomatisierung macht deutlich, wie umfangreich der Elektronikanteil an modernen Anlage geworden ist und welche Bedeutung der Mensch-Maschine-Kommunikation zukommt. Dabei ist zu berücksichtigen, daß es sich hierbei im wesentlichen um indirekte Kommunikationsformen vermittels Datensichtgeräten (Computerbildschirme) und telefonische Gegensprechanlagen handelt.

Das handling über eine digitale Visualisierung des gesamten Prozesses, der Bildaufbau, die symbolische Repräsentation der Gegenstände, die indirekten, z.B. mit Lichtstiften auf einer Bildschirmmaske vorzunehmenden Eingriffsmöglichkeiten aber auch die kognitive, hypothesengeleitete Diagnose im Störungsfall sind neue, umfangreiche Aufgaben der Arbeit und diese stellen auch für die Arbeitssicherheit eine völlig neue Herausforderung dar. Die Flußdiagramme für den Ablauf werden immer umfangreicher und vermaschter, so daß gerade z. B.

für Störsituationen der Durchblick für den Einzelnen leicht verloren gehen kann.

b) Auswirkungen der neuen Technikgestaltung auf das Verhalten der Mitarbeiter:

Die Beschreibung der Anlagentechnik und der damit einhergehenden Anforderungen an das menschliche Verhalten machen augenfällig, daß moderne Technologien völlig neue Dimensionen der Arbeitsgestaltung eröffnen, aber auch völlig neue Fragen und Probleme zu deren Beherrschung aufwerfen.

Nicht nur die Erfahrung, daß die neue Gießtechnologie zur Herstellung von Stahl anfänglich nicht sicher beherrscht wurde und eine deutliche Zunahme von Arbeitsunfällen zu beklagen war macht dies deutlich. Offensichtlich hatte man zu wenig auf die oben beschriebenen Besonderheiten bei der Implementation der neuen Verfahren geachtet und damit das Gebot der präventiven Arbeitssicherheit übersehen.

Unfallschutz ist nur ein Teil des Arbeitsschutzes. Arbeitsschutz beinhaltet nämlich auch die Verhütung von Arbeitsunfällen und Berufskrankheiten, die Verhütung von arbeitsbedingten Erkrankungen, die Vermeidung von Verschleißschäden und die Sicherung der Arbeitszufriedenheit.

Während die ersten drei Hauptziele neben kognitiv-verhaltensmäßigen Anteilen auch eine deutliche ergonomisch-technische Komponente beinhalten, stehen bei der vierten Zielrichtung des Arbeitsschutzes die kognitiv-verhaltensmäßigen Bestandteile deutlich im Vordergrund. Dies mag der Grund dafür sein, daß ingenieurmäßige Strategien häufig zu kurz greifen und das psychologische Anliegen der Arbeitszufriedenheit in diesem Kontext nur selten Berücksichtigung findet. Wir werden diesem Gesichtspunkt im Rahmen unserer Strategie deshalb die gebührende Aufmerksamkeit widmen.

Bei der Sicherung der Arbeitszufriedenheit handelt es sich nämlich nicht zuletzt auch um den Schutz vor Überbeanspruchung oder Unterforderung bei der Arbeit und um die Gewährleistung einer menschengerechten Arbeitsorganisation. (Zu berücksichtigen ist dabei, daß nach dem "Person-Umwelt-Übereinstimmungs-Ansatz" nur diejenigen Diskrepanzen zwischen Person und Umwelt zu Unzufriedenheit und Streßreaktionen führen, die von den Betroffenen subjektiv als solche wahrgenommen werden.)

Bei der Überforderung unterscheidet wir grundsätzlich zwischen Formen der quantitativer Überforderung, d.h. die geforderte Leistungsmenge ist zu groß (ein Beispiel wäre zu großer Zeitdruck) sowie der qualitative Überforderung, d.h. zu schwierige Arbeit oder zu viele verschiedenartige Anforderungen, die die Umstellungsfähigkeit des Arbeitenden überfordern. Beispiele wären Überforderungen, die durch unzureichend ausgebildete Beschäftigte entstehen oder durch eine falsche Organisation der Arbeit. Über- und Unterforderungs-Situationen können durch gezielte Arbeitsgestaltungs- oder Ausbildungsmaßnahmen vermieden werden. Das Maximum an Leistung ist nur in einem optimalen Belastungsbereich des Mitarbeiters zu erreichen. Sowohl Unter- als auch Überbelastung führen zum Leistungsabfall. Die rasche technische Entwicklung vom Blockguß zum Strangguß bei Übernahme der Belegschaft aus veralteten Produktionsstufen stellte gerade in diesem Fall eine besondere Herausforderung dar. Mit zunehmender Mechanisierung und Automatisierung war die Arbeit nicht leichter geworden; es hatte vielmehr eine Verlagerung von schwerer körperlicher Arbeit mit geringen geistigen Anforderungen hin zu einer vermehrt psychischen Belastung mit hohen intellektuellen Ansprüchen stattgefunden. Neue Qualifikationen im Bereich der Sozialtechniken (Informationsverarbeitung, Kommunikation) und der Verfahrenstechnik (Metallurgie, Elektronik) waren gefordert.

Eine Mannschaft, die zuvor rein manuell tätig war, stand (nach einer begrenzten Schulung) kurzfristig im Dialog mit einer Technik, die bei dem erforderlichen, kontinuierlichen Ablauf nur noch wenig Entscheidungs- bzw. Beratungsspielräume aber sehr viele und komplizierte Sachzwänge aufgab.

Zu den psychischen Belastungsfaktoren gehörten neben den angesprochenen Über- und Unterforderungen auch der Zeitdruck mit der Notwendigkeit schneller Reaktionen und hohe Verantwortung für Anlage und Produkt. Einige Arbeitnehmer klagten daher bald über gesundheitliche Störungen. Die Beschwerden paßten allerdings nicht in das übliche Bild der Berufskrankheiten. Die Beschwerden tendierten deutlich in Richtung Nervosität, Schlaflosigkeit, Gereiztheit, Kreislauf- und Magenverstimmungen.

Vigilanzprobleme bei Dauer-Überwachungstätigkeiten sind aufgrund des hohen Automatisierungsgrades bei der Tätigkeit in den Leitständen der Stahlwerksanlagen unvermeidbar, denn ein wesentliches Merkmal dieser Konzepte ist die hierarchisch dezentrale Aufgabengliederung und die zentrale Mensch-Maschine-Kommunikation.

Das zunehmende Überangebot von Informationen, die langen Zeitspannen anforderungsarmer Überwachungsleistungen im plötzlichen Wechsel mit schnellen Reaktionen auf Prozeßstörungen fordern sowohl das Personal im Leitstand als auch die Mitarbeiter an der Anlage in früher nicht gekanntem Maße. Der Kommunikation untereinander kommt dabei ein zunehmender Stellenwert zu. Aufgrund der möglichen Folgen von Fehlhandlungen entstand ein enormer Verpflichtungs- und Verantwortungsdruck und damit eine hohe psychische Anspannung. Die Mannschaft fühlte sich zunächst diesen neuen Anforderungen nicht gewachsen.

Eigenüberwachung der Steuerungssysteme und Störwertmeldungen sowie ein Störmeldesystem als Entscheidungshilfe für das Betriebspersonal können zwar alle physikalischen, mechanischen und elektrischen Störungen erfassen und anzeigen, verstärken aber auch das subjektive Empfinden, einer neuen überwältigenden Technik hilflos ausgeliefert zu sein.
Die Zwänge der Arbeit - sei es bei den Arbeitsinhalten, dem Erfolg bzw. Arbeitsergebnis, dem Arbeitsschutz oder den Kommunikationsmöglichkeiten - haben in dem als Beispiel beschriebenen Übergang von einer herkömmlichen auf eine neue Technologie erheblich zugenommen. Richtiges Reagieren in kritischen Situationen wird daher wesentlich bestimmt durch die physische Belastbarkeit des Einzelnen und diese hängt ab von seiner Arbeitsmotivation, dem Grad seiner Trainingsfitness und dem Umfang seiner Erfahrungen mit entspre-

chenden Situationen.

Teure, hochkomplexe Produktionsanlagen wie wir sie hier vor Augen haben sind ohne qualifizierte, motivierte, kreative, gesunde und zufriedene Mitarbeiter nicht mehr zu beherrschen.

Es bestand im Unternehmen Einvernehmen darüber, daß bei den umwälzenden, technisch-organisatorischen Veränderungen die weniger qualifizierten Mitarbeiter auf den bisherigen Arbeitsplätzen nicht auf der Strecke bleiben dürfen, zumal ihr Erfahrungswissen aus der bisherigen Arbeit als unverzichtbare Voraussetzung zur Bewältigung des Neuen galt. Durch wirksame Formen der Einbeziehung in die Entwicklung sowie durch Training mußte daher die vorhandene Belegschaft mit den neuen technischen Anforderungen vertraut gemacht werden.

Durch Prozeduren der Organisationsentwicklung sollten daher Möglichkeiten der Anpassungsqualifizierung im Kontext der Verbesserung der Arbeitssicherheit erprobt und umgesetzt werden.

5.2 Gruppenarbeit: Die Beteiligung der Betroffenen

a) Der konzeptionelle Ansatz und die Organisation der Gruppenarbeit im Projekt:

Gruppenarbeitskonzepte finden sich heute in zahllosen Erscheinungsformen und unter den unterschiedlichsten Bezeichnungen mit z.T. verwirrenden Begriffs-überschneidungen in den Organisationen der Arbeit. Zur Bestimmung unseres konzeptionellen Ansatzes verweisen wir zunächst noch einmal auf Kapitel 2.3 dieses Buches, in dem festgestellt wurde, daß Organisationsentwicklung Diskursgestaltung in Gruppen bedeutet.

Zur genaueren Einordnung unseres Gruppenkonzepts verweisen wir auf Breisig (1990), der die unterschiedlichsten Konzepte hinsichtlich ihrer Zeitperspektive (kurzfristig/temporär versus langfristig/permanent) und ihrer primären Orientierung (produkt-/ produktionsorientiert versus personenorientiert) einordnet und zu folgender Typologie kommt:

Abb. 6: Typologie von Kleingruppenkonzepten

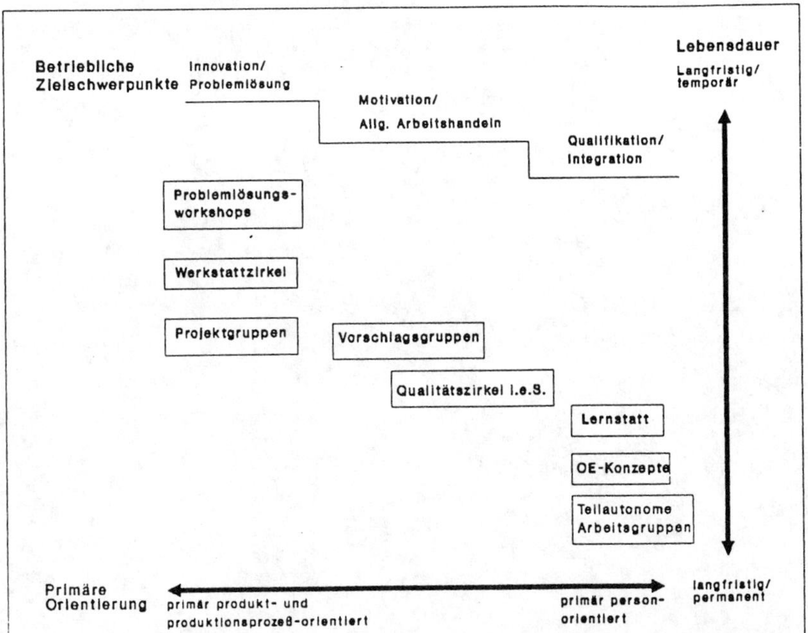

In diesem Sinne gehört unser Gruppenkonzept zu den auf Langfristigkeit angelegten und primär personenorientierten Ansätzen. Von den inhaltlichen Fragestellungen her, wie sie weiter oben charakterisiert wurden, hatte die Gruppenarbeit im Projekt insbesondere den Charakter eines "Problemlösungsworkshops",
also einer Mischform zwischen gruppenorientierter Weiterbildungsveranstaltung
und konkretem Problemlösungsforum. (vgl. Breisig, a.a.O. S.77 ff)

Was die Zusammensetzung der Gruppen betraf, so galt die jeweilige Arbeits-
schicht der Stranggießer als Kerngruppe, die kontinuierlich am Gruppenprozeß
teilnahm. Hinzu kamen der zuständige Sicherheitsingenieur und je nach Fragestellung und thematischem Bezug Mitarbeiter aus den Service-Bereichen
(Hydraulik-Schlosser, Elektroniker, Rinnen- und Schieberzusteller), Vorgesetzte
(Meister, Abteilungsleiter) und andere Fachexperten (z.B. Qualitätsfachleute,
Versuchsingenieure, Betriebsräte). Insgesamt sollten die Gruppe nicht mehr als
20 Mitglieder umfassen, damit eine persönliche Arbeitsatmosphäre gewährleistet blieb und sich auch ein spezifisches Gruppenbewußtsein entwickeln konnte.

(Damit lag die theoretische Gruppenstärke deutlich an der Obergrenze dessen,
was im Sinne eines "Klein"-Gruppen-settings akzeptabel erscheint. In der Praxis
stellte sich aber erwartungsgemäß heraus, daß nie alle Mitglieder anwesend sein
konnten, sodaß die Standardgröße von etwa 15 Gruppenmitglieder nicht wesentlich überschritten wurde.)

Hinsichtlich des zeitlichen Rahmens waren administrative Vorgaben zu beachten, die sich aus der Konti-Schichtfolge der Mitarbeiter, der Arbeitszeit- und
Überstundenregelung und aus den Urlaubs- bzw. Betriebsstillstandszeiten ergaben. So war es möglich, daß die vier Arbeitsschichten jeweils einmal im Monat
an an zwei aufeinanderfolgenden Tagen vor Beginn der Mittagsschicht je zwei
Zeitstunden lang für die Gruppenarbeit zur Verfügung standen. Hinzu kamen
etwa in der Mitte und am Ende der Maßnahme zwei sogenannte
"Klausurtagungen", die an einem betriebsfernen Ort achtstündig durchgeführt
wurden und die vor allem der Bearbeitung von Fragen des Betriebsklimas und
der Arbeitsumgebung dienten.

Alles in allem konnten so im Zeitraum von ein und einem viertel Jahr für alle 4 Schichten jeweils 18 Gruppensitzungen durchgeführt werden mit zusammen 48 Arbeitsstunden (bei 4 Schichten also insgesamt 192 Arbeitsstunden).

Die tatsächliche durchschnittliche Beteiligung von ca. 15 Teilnehmer pro Gruppensitzung läßt auf eine hohe Motivation der Beteiligten schließen, denn die Teilnahme war freiwillig und für einige mit erheblichen Opfern an Freizeit verbunden, da die Gruppensitzungen außerhalb der regulären Arbeitszeit stattfanden.

b) Zur Gestaltung der Gruppenarbeit:

Die Analyse bereits vorliegender Daten aus den Unfallstatistiken und Störberichten sowie die Antworten aus der Eingangsbefragung zum Betriebsklima und zur Einschätzung der Arbeitsumgebung führten zu einer Suchraumeinengung für den einen möglichen Einstieg in die zu planende Gruppenarbeit. (Wir werden aus Gründen der Übersichtlichkeit erst im weiteren Verlauf der Darstellungen und insbesondere in Kapitel 6 [Wirkungskontrolle, empirische Befunde] auf diese Datenanalysen zurückkommen.) Im Sinne der OE-Maxime "Bertoffene zu Beteiligten machen" genügt dies jedoch nicht. Bereits bei der Suche nach einem Einstieg in den Gruppenprozeß sind die Betroffenen zu beteiligen.

Welche Vorgänge als Problem empfunden werden, hängt von den Mitgliedern der Organisation und ihrem subjektiven Erfahrungshintergrund ab. Der erste Schritt einer Einstiegsdiagnose muß demnach also die Erfassung der Situation im Sinne einer möglichst umfassenden Probleminventur sein. Um dabei alle Aspekte der Ausgangssituation möglichst vollständig einbeziehen zu können, war es erforderlich, die spezifische Interessenlage aller Beteiligten zu berücksichtigen. Unterschiedliche und z.T. konträre, auf Zielkonflikt hindeutende Interessenlagen ergaben sich nicht zuletzt aus der Tatsache, daß in die konkrete Gruppenarbeit einbezogen waren: die Arbeitssicherheits-Experten, die betrieblichen Vorgesetzten, die Service-Bereiche und die betroffenen Mitarbeiter als "Experten der Praxis".

Alle Beteiligten hatten Vorleistungen im Sinne einer eigenen Probleminventur zu liefern, deren gemeinsame Schnittmenge als Ausgangslage eines evolutionären Veränderungsprozesses herauszukristallisieren war. Es ergibt sich ein Zusammenhang, wie er in Abb. 2 im ersten Kapitel bereits schematisch dargestellt wurde, nunmehr aber aus der Praxiserfahrung ergänzt und erweitert durch den Aspekt der Service-Bereiche, denn es stellte sich zunehmend deren Bedeutung zum Verständnis von Organisationsproblemen und von betrieblichen Konflikten heraus.

Die folgende Darstellung zeigt deshalb noch einmal im Überblick die gesamte Interessenkonstellation aller Beteiligten und deren Einfluß auf die Ermittlung d.h. solcher Themen, die ein Entwicklungspotential in sich bergen, das den weiteren Gang der Dinge bestimmen und ausrichten kann.

Abb. 7: Interessenlagen der beteiligten Bereiche:

Die Gruppenarbeit begann also mit einer Problem-Inventur der Mitarbeiter, die dazu führte, daß sich eine "Schnittmenge" von Fragen und Interessen herauskristallisierte, von der aus die thematischen Schwerpunkte entwickelt werden konnten. Auf diese Weise entstand eine Art Rahmen-Curriculum für die gesamte Gruppenarbeit, und zwar so, daß alle Arbeitsschichten ihre speziellen Anliegen einbrachten ohne daß die gemeinsamen übergeordneten Fach- bzw. Arbeitssicherheitsaspekte verloren gingen, da diese von den übergeordneten Bereichen vertreten wurden, die ja in allen Gruppen präsent waren.

Die einzelnen Gruppen konnten so über die gesamte Zeit an gemeinsamen Zielsetzungen arbeiteten, beschritten dabei aber durchaus verschiedene Wege in ihren inhaltlichen und methodischen Akzentuierungen, ganz im Sinne eines offenen Curriculums, d.h. im Sinne eines evolutionären Prozesses, dessen jeweilige Schritte aus den zuletzt gemachten Erfahrungen heraus geplant werden.

Abb. 8: Prinzipien des offenen Curriculums:

Strukturmerkmale:	- Prinzip der Gruppenarbeit im Wechsel mit Einzelarbeit, Kleingruppe, Plenum - unhierarchisch, basisorientiert - Entwicklung als bottom-up-Strategie - Prinzip der Transparenz - Offenheit als zentrales Element
Inhaltsaspekte:	- Lernziele aus Vorerfahrungen - Lerngegenstände eher unsystematich - Prinzip der Bedürfnisorientierung - Einbezug der Lebenswelt
Lernkonzept:	- evolutionär/experimentell - diskursorisch - verzweigt, komplex, redundant
Wissensbegriff:	- kein kodifiziertes Wissen - utilitaristisch - handlungsorientiert

Die so erreichte Synchronität der Vorgehensweise bei gleichzeitiger Individualisierung des Prozesses in den einzelnen Arbeitsschichten führte dazu, daß die Gruppen (Schichten) häufig in einen "Wettbewerb der Ideen" eintraten, um bestimmte Probleme zu lösen. Dadurch konnten einige Problemlösungsvorschläge optimiert, aber auch die Motivation der Mitarbeiter in der Gruppenarbeit erheblich gesteigert werden, denn die Gruppenarbeit erhielt dadurch zeitweise einen ausgesprochen sportiven Charakter.

Die dafür notwendigen Informationsbrücken bestanden in der Mitteilung von Arbeitsergebnissen der anderen Schichten in den Gruppen-Protokollen bzw. darin, daß verschiedene Lösungsvorschläge unmittelbar im Betrieb umgesetzt bzw. ausprobiert wurden, sodaß sie für alle anderen wahrnehmbar waren. In einigen Fällen wurden auch schichtübergreifende Arbeitsgruppen gebildet.

Ein weiteres Instrument zur Motivation der Mitarbeiter und zur Steigerung der Verbindlichkeit der Arbeit bestand in der Aufteilung von Teilaufgaben auf "Projektgruppen". Komplexere technische und organisatorische Probleme wurden diesen Projektgruppen zur weiteren Bearbeitung im Betrieb übertragen. Sie integrierten zumeist Mitglieder der verschiedenen Arbeitsbereiche und einzelne Vorgesetzte, was auch ein besseres Kennen- und Verstehenlernen der unterschiedlichen Arbeitsbereiche (Gießer, Steuerleute, Schlosser usw.) nach sich zog. Die Projektgruppen stellten ihre Arbeitsergebnisse jeweils im Plenum der Gesamtgruppe vor, welches diese dann einer Bewertung unterzog und die Maßnahmenplanung beriet und damit auch mitverantwortete. Oft bestanden die Arbeitsergebnisse der Projektgruppen in ausgearbeiteten Konstruktionszeichnungen oder gar in selbstgefertigten Modellen, an denen sie die technischen Neuerungen, die sie vorzuschlagen hatten, demonstrierten.

Die engagierte Mitarbeit der Gruppen führte dazu, daß sich im Laufe der Zeit eine Vorgehensweise institutionalisierte, die ursprünglich nicht vorgesehen war, von den Mitarbeitern aber gefordert wurde, nämlich die sogenannte "aktuelle Stunde".

Dies bedeutete, daß zu Beginn einer jeden Arbeitssitzung unabhängig vom jeweiligen Stand der laufenden Gruppenarbeit all das an Fragen, Forderungen, Erfahrungen und Ärgernissen vorgetragen wurde, was sich im Arbeitsprozeß in den 3-4-wöchigen Intervallen zwischen den Gruppensitzungen angesammelt hatte. Auf diese Weise konnte nicht nur der gesammte Veränderungsprozeß aktualisiert und der gesteigerten Sensibilität der Mitarbeiter für das, was "vor Ort" vor sich ging, angepaßt werden, sondern es bestand damit vor allem auch die Möglichkeit, Konflikte auf der Beziehungsebene (Führungsprobleme, Rivalitäten untereinander, Vorurteile gegenüber den anderen Arbeitsbereichen und dergleichen) anzusprechen bzw. zu verhandeln mit dem Ziel der Verbesserung der Arbeitszufriedenheit, die ja als wichtiger Aspekt zum präventiven Umfeld der Arbeitssicherheit gehört.

Ein wichtiger methodischer Leitgedanke bei der Durchführung der Gruppenarbeit war schließlich auch das Prinzip der Entschulung. Erwachsene Menschen (und insbesondere Produktionsarbeiter) erinnern sich meist ungern an ihre Schulzeit und auch die beruflichen "Schulungen", soweit solche für diese Gruppen überhaupt je stattgefunden hatten, sind in der Erinnerung nicht immer positiv besetzt. Man fühlt sich belehrt und damit kritisiert, weil man etwas falsch gemacht oder nicht gewußt hat.

Neben dem Ernstnehmen der Mitarbeiter als Experten der Praxis erwiesen sich in diesem Punkt die Regeln der "Themen-Zentrierten-Interaktion" (TZI) nach Cohn (a.a.O.) als außerordentlich hilfreich für die Entstehung eines lernförderlichen Gruppenklimas.
Diese Verhaltensregeln (zum besseren Verständnis für die Produktionsarbeiter sprachlich etwas abgewandelt!) wurden gewöhnlich während der Gruppensitzungen für alle gut sichtbar auf einem Plakat ausgehängt; die meisten Teilnehmer konnten diese bald auswendig und benutzten sie eifrig. An ihnen lernten sie, den Gruppenprozeß selbst zu regulieren, ihre Bedürfnisse gezielt einzubringen und sich vor Angriffen durch andere zu schützen. Sie lernten aber auch, Verantwortung für das eigene Tun und die inhaltliche Arbeit zu übernehmen.

Abb. 9: Verhaltensregeln für die Gruppenarbeit:

Verhaltensregeln nach TZI

➧ 1. Du bist alleine für Dich verantwortlich

➧ 2. Probiere neue Verhaltensweisen aus

➧ 3. Beachte Deine Körpersignale

➧ 4. Sprich direkt, sage "ich" statt "man"

➧ 5. Sage stets Deine eigene Meinung

➧ 6. Gib feed-back und höre auf feed-back

➧ 7. Es kann nur einer zur gleichen Zeit reden

➧ 8. Störungen haben Vorrang

Zur Intensivierung all dessen wurden nach den Prinzipien des offenen Curriculums an bestimmten Stellen des Gruppenprozesses spezielle Elemente des Erfahrungslernens eingebaut. In Form von Übungen und Spielen aus der Gruppendynamik konnten Gruppenprozesse und entsprechende dynamischen Wirkungszusammenhänge zwischen dem Verhalten Einzelner und dem der übrigen Gruppenmitglieder zugänglich gemacht werden, die sich den verbalen Ausdrucksmöglichkeiten der Teilnehmer zunächst entzogen, da Erwachsene in aller Regel ein festgefügtes Selbstbild aufweisen, das durch apellative, bzw. belehrende Impulse von außen nicht zu verändern ist. Erwachsene Menschen öffnen sich eben eher den eigenen Erfahrungen und deren unmittelbaren Reflexion, als normativen Forderungen mit belehrendem Charakter. Dies ist eine Erkenntnis, die das Scheitern so mancher Schulungsmaßnahme in der Erwachsenenbildung (nicht nur im Bereich der Arbeitssicherheit) hinreichend erklärt!

Damit bekam die Gruppenarbeit zeitweise einen kognitiv-therapeutischen Effekt, der insbesondere geeignet war, Probleme der sozialen Beziehungen in den einzelnen Gruppen und den Arbeitsschichten zu klären, Sozialkompetenz zu erweitern, Konfliktregulation zu betreiben und so letztlich auch innovative Kräfte zur Verbesserung der Arbeitssicherheit freizusetzen.

c) Moderation und Prozeßgestaltung:

Gruppenprozesse bedürfen der Moderation, damit sich ihre Veränderungswirkungen zielorientiert entfalten können.

Grundsätzlich ist dabei zwischen Fremd- und Selbstmoderation zu unterscheiden, d.h., es kann ein neutraler Moderator von außerhalb der Organisation diese Aufgabe übernehmen oder auch ein Gruppenmitglied, sofern dieses über das nötige Moderations-know-how zur Prozeßgestaltung verfügt und das "Machtmotiv" außen vor bleibt in dem Sinne, daß keine Mitglieder einer höheren hierarchischen Ebene in der Gruppe mitarbeiten.

Der Moderator ist, wörtlich übersetzt, der "Mäßiger", d.h. er muß die Temperamente in der Gruppe zügeln, ihm obliegt es, das Veränderungspotential der Gruppe zu wecken und zu aktivieren, den Dialog zu fördern und die Kommunikation zu strukturieren. Dabei hat er darauf zu achten, daß Ideen nicht übersehen werden, wichtige Hinweise nicht unter den Tisch fallen.

In unserem Falle zogen wir die Fremdmoderation durch einen externen OE-Berater vor, da auch die Vorgesetzten (Vorarbeiter. Meister und zeitweise die Betriebsleitung) in die Gruppenarbeit einbezogen wurden, um den Diskurs zu beschleunigen.

Aus diesem Grund und da zu einem umfassenden OE-Prozeß auch die Berücksichtigung von sozialen Umfeldbedingungen des Arbeitsfeldes gehört, aber auch in einem gewissen Maße die Regulation aktuell und spontan entstehender gruppeninterner Konflikte geleistet werden muß, um die Arbeitsfähigkeit der Gruppe zu erhalten, macht sich die OE-Konzeption zum Prinzip, nach Möglichkeit auf einen externen Moderator als "Fachmann für Veränderungswissen" nicht zu verzichten.

Der Moderator soll jedoch nicht eigenes Wissen und persönliche Erfahrungen oktroyieren. Er sollte auch nicht selbst Strukturen ändern, Verbesserungen vorschlagen oder Arbeitstechniken einführen. Stattdessen sollte er verstehen, fragen, vorschlagen, ingangsetzen, ermutigen und als Makler zwischen den widerstreitenden Interessen der Betroffenen und Beteiligten vermitteln.

Mitarbeiter in Betrieben sind mit komplexen Kommunikationsstrukturen, wie sie eine lebendige und zugleich zielorientierte Gruppenarbeit verlangt, meist ungeübt und unerfahren. Unterschiede der kognitiven Verarbeitung von Informationen und des gruppenbezogenen Verhaltens fallen zunächst, d.h. solange die Gruppenarbeit noch ein ungewohntes Terrain ist, besonders ins Gewicht.

Eine Besonderheit unseres Ansatzes bestand eben darin, die betrieblichen Führungskräfte in die Gruppenarbeit mit einzubeziehen um des Diskursprinzips willen. Dies beinhaltete jedoch das Problem, daß auch das Macht- bzw. Abhängigkeitsgefüge in der Gruppenarbeit wirksam blieb. Um dies zu neutralisieren bzw. zu mindern, bedurfte es schon deshalb der neutralen Moderation, da sie in diesem Sinne auch eine Schutzfunktion für die Beteiligten darstellte. Es galt, das als Kommunikationssperre wirkende Rollendenken (Vorgesetzte - Untergebene) und die daraus abgeleiteten betrieblichen Rollenzuweisungen zu neutralisieren und somit eine Art "Waffengleichheit" der Kombatanten herzustellen und gegebenenfalls durch Metakommunikation faire Bedingungen für den Gruppenprozeß zu sichern.

Der Moderator als externer, neutraler Beobachter machte die Beteiligten darauf aufmerksam, welche Spielregeln offenbar bei ihnen galten, wie sie miteinander umgingen. Durch gezielte Informationen, sei es in Form von Interaktionsspielen oder gruppendynamischen Übungen, wurden Wahrnehmungs- und Beziehungsprobleme aufgezeigt und die Möglichkeit gegeben, andere Verhaltensweisen zu erproben und einzuüben.

Zu Beginn wurde von einzelnen Teilnehmern die Partizipation der Betroffenen, das Verfügbarmachen von Sachwissen, die Verbreiterung der Kommunikation, sowie die Übertragung von Verantwortung auf die Mitarbeiter leicht mißverstanden, z.b. als eine Art Gleichmacherei und eine Verwischung von Führungsstrukturen und Zuständigkeiten. Mißverständnisse dieser Art wirkten bei Mitarbeitern und Vorgesetzten gleichermaßen desorientierend. Bei den ersteren führte dies zunächst zu unrealistischen Erwartungen hinsichtlich der zu erreichenden Ziele. Bei einigen Vorgesetzten entstand Angst und Mißtrauen hinsichtlich einer den Produktionsprozeß betreffenden Verantwortungsdiffusion und sie entwickelten das Bedürfnis, den Gruppenprozeß zu bremsen oder formalistisch einzugrenzen.

Prozeßgestaltung erfordert daher nicht nur die Entwicklung gruppendienlicher Verhaltensweisen, z.B. des Redens und Zuhörens sowie des Akzeptierens von Kritik, sondern auch , das Aushalten von zunächst noch unstrukturierten und offenen Situationen um neuen Ideen eine Chance zu geben und die Bereitschaft zum Konsens. Dies zu lernen, war für alle Beteiligten ein mühsamer, letztlich aber erfolgreicher Weg.

Es ist wichtig, daß durch Moderation eine von allen verstandene und akzeptierte "Gruppenkultur" entwickelt wird, die es erlaubt, sich angstfrei auf ein bestimmtes Arsenal von Verhaltensweisen einzulassen, welches das Procedere der Gruppenarbeit trägt. Nur so können z.B. aus der betrieblichen Hierarchie hergeleitete Rollenklischees und Machtansprüche überwunden werden, wie etwa "Vorgesetzter" und "Untergebener", die im Diskurs meist störend und im kreativen Umgang mit Problemen hemmend wirken.

Wichtig in diesem Zusammenhang ist nach unserer Erfahrung auch die Mitwirkung des Betriebsrats. Der Betriebsrat hat gemäß den Bestimmungen des Betriebsverfassungsgesetzes in allen Fragen der Arbeitssicherheit und der Arbeitsgestaltung ein klares Mitbestimmungsrecht. Darüber hinaus sind unter den Gesichtspunkten der Qualifikation der Teilnehmer, der Maßnahmen der Aus- und Weiterbildung, der Realisierung einer Personalentwicklungsplanung oder der Grundsätze über das betriebliche Vorschlagswesen bis hin zur Arbeitszeitregelung Beteiligungs- bzw. Beratungsrechte vorgegeben, die bewußt in den OE-Prozeß einbezogen werden müssen. Der Betriebsrat war daher in unserem Projekt von Anfang an in die Vorbereitung und Durchführung des Vorhabens involviert. Mit der gemeinsamen Interessenlage "mehr Sicherheit am Arbeitsplatz" war das Einvernehmen schnell erzielt. Organisatorische Fragen (Zeit, Ort und Bezahlung der Gruppenarbeit usw.) wurden gemeinsam abgeklärt und zwar in Form einer Betriebsvereinbarung.

In unserem Projekt war der Obmann des Sicherheitsausschusses an allen vorbereitenden und begleitenden Gesprächen des Projektmanagements beteiligt. Er achtete darauf, daß keine einseitigen Themenvorgaben "von oben" dominierten, sondern in einer gemeinsamen Probleminventur Prioritäten festgelegt und dabei keine Anliegen der Belegschaft ausgeklammert wurden. Die Interessen der Arbeitnehmer an einer weitergehenden Humanisierung der Arbeit, auch losgelöst von nur wirtschaftlichen Überlegungen, sollten damit gewährleistet werden.

Es wurden daher über die "klassischen" Themen der Arbeitssicherheit hinaus folgende aus gewerkschaftlicher Sicht wesentliche Gestaltungsfelder angesprochen:

- Leistung und Beanspruchung (Zumutbarkeit und Angemessenheit der abgeforderten Leistung, Pausen- und Ablösungsregelungen)

- Qualifikation (Anpassungsqualifizierung parallel zur Entwicklung von Technik und Organisation)

- Entlohnung (Differenzierung, Höhe, Angemessenheit)

- Arbeitsbedingungen (Arbeitsgestaltung, -struktur, -inhalte, -umgebung)

- Tätigkeits- und Stellenbeschreibungen

- Soziale Sicherheit (Sozialleistungen, Erhalt des Arbeitsplatzes)

Die Behandlung einiger Punkte ging sicher weit über den üblichen Arbeits-
schutzkanon hinaus und forderte von den Führungskräften und Sicherheitsfachkräften Mut zur Offenheit bzw. zur Überwindung von Abteilungsdenken. Auch
die Akzeptanz einer kooperativen Führung fiel dem Einen oder Anderen nicht
eben leicht. Es bedurfte hier mitunter der individuellen Beratung und Hilfe. Zu
einer wirkungsvollen Sicherheitsarbeit gehört aber nun einmal eine ganzheitliche Betrachtung des Systems einschließlich seiner soziologischen und psychologischen Aspekte. Auch die überwiegend technisch ausgerichteten bzw. vorge-
bildeten Sicherheitsfachkräfte mußten diese Tatsache und damit ihre Grenzen
erkennen und sowohl den Moderator als auch und in erster Linie die Betroffenen
als Partner akzeptieren.

Eine umfassende Analyse der Systemfragen und erst recht deren erfolgreiche
Bearbeitung bezogen auf die soziologischen und psychologischen Belange der
Arbeit, ist ohne oder gar gegen die Betroffenen nicht möglich, da viele Probleme
nicht auf objektiven Sachverhalten, sondern auf subjektiven Einschätzungen der
Betroffenen beruhen.

Prozeßgestaltung durch Moderation ist also in einem derart konfliktträchtigen
Feld notwendig. Gruppenarbeit ist nicht per se ein "Königsweg" zu mehr Sicherheit am Arbeitsplatz und eine bessere Qualität der Arbeit und des Arbeitsumfeldes. Die Geister, die man ruft, müssen gezügelt und beherrscht werden und das System muß veränderungsbereit sein, denn Organisationsentwicklung kann man nicht halbherzig betreiben!

5.3 Themen und Inhaltsschwerpunkte der Gruppenarbeit

a) Versuch der Ermittlung von Gefährdungsschwerpunkten durch die indirekte Methode:

Im Sinne des Interessenzusammenhangs der Beteiligten (vgl. Abb.7) versuchten die Sicherheitsfachleute aus ihrer Sicht durch eine Analyse des bisherigen Unfallgeschehens "generative Themen" für die Gruppenarbeit aufzuspüren, gewissermaßen als Vororientierung zur Gruppenarbeit.

Die im statistischen Sinne geringe Zahl von Unfallereignissen gleicher oder ähnlicher Art verteilten sich auf viele Arbeitsstufen. Unfallschwerpunkte waren danach so ohne weiteres nicht zu erkennen. Betrachtete man den Tätigkeitstyp, so ergaben sich durchgehend durch alle Betriebsteile Schwerpunkte mit unterschiedlichen Gewichten, wie

- handwerkliche Tätigkeiten: ca. 40 - 50 % der Unfälle,

- Anschlägerarbeiten: ca. 10 %,

- Lastenbewegung von Hand: ca. 10 - 20 %

- Arbeiten im Wirkbereich feuerflüssiger Massen: ca. 10 - 20 %.

Verletzungsbehaftete Tätigkeiten waren:

- Arbeiten, die durch Störungen während des Gießablaufs erforderlich wurden,

- mechanische und Feuerfestzustellung der Verteilerrinne,

- Verteilerrinne zum Gießen fertig machen bzw. Demontage nach Gießende

- Störungen im Schiebersystem der Pfanne (aufbrennen usw.)

Verletzungsursachen waren beim Schwerpunkt "handwerkliche Arbeiten" hauptsächlich:

- fehlendes Werkzeug, ungeeignete Hilfsmittel,

- Improvisation in Störsituationen,

- Körperschutz nicht benutzt, unzureichend getragen, nicht wirksam,

- Werkzeuge, Hilfsmittel nicht auf sichtbare Mängel geprüft, - Gefahrenbereiche zu früh betreten, oder nicht rechtzeitig verlassen bzw. nicht im Auge behalten,

- falsche Arbeitsfolge, falsche Arbeitsausführung.

Diese Ursachen waren auch bei den übrigen Schwerpunkten in leicht modifizierter Form bestimmend. Aufgrund der geringen Zahl der Ereignisse lag jedoch eine relativ gleichmäßige Verteilung ohne Schwerpunktbildung vor.

Diese indirekte Gefährdungsanalyse bot für die geplante Gruppenarbeit also keine eindeutigen Ansatzpunkte. Unter Berücksichtigung von Längs- und Querschnittsanalysen konnten aber Gesichtspunkte beschrieben werden im Sinne einer "Suchraumeinengung" für die anstehende Gruppenarbeit.

Schwerpunkte für die Gruppenanalyse sollten demnach sein:

- Arbeiten an der Verteilerrinne (Zusammenfassen der verschiedenen hierzu gehörenden Arbeitsstufen und Tätigkeiten)

- Arbeiten an der Pfanne bzw. im Gießbereich auf der Stranggießbühne

- Arbeiten am Strang

Mit dem ersten Punkt wurden immerhin rund 50 % der bisherigen Unfälle im Stranggießbereich erfaßt. Für die Punkte zwei und drei sprach die hohe Gefährdung im Falle einer Störung.

Die ermittelten Gefährdungsbereiche wurden als Grundlage für die Gruppenarbeit in einem Katalog zusammengestellt. Den Gefährdungen konnten dann Schutzziele und mögliche Maßnahmen zugeordnet werden.n Anschließend überarbeiteten die betrieblichen Vorgesetzten diesen Katalog in ihrem Sinne, sodaß sich die Schnittmenge der gemeinsamen Interessen der Beteiligten noch vergrößerte, bzw. ergänzte. Der so zusammengestellte Katalog wurde den Gruppen zu Beginn ihrer Arbeit präsentiert und diente als Einstiegsangebot für die nachfolgende Gruppenarbeit.

b) Der Ansatz der vorbeugende Gefährdungsanalyse als direkte Methode:

Trotz der Erfassung aller Verletzungen und der Ausweitung des Betrachtungszeitraumes lieferte die indirekte Gefährdungsanalyse keine unmittelbar brauchbaren Ansätze für die in unserem speziellen Forschungsdesign begründete Gruppenarbeit. Problematisch war auch, daß die Fertigungsbedingungen nicht konstant blieben, da sich die Anlage selbst noch in einem gewissen Umfang im Versuchsstadium befand.

Im Rahmen der laufenden Sicherheitsarbeit war bereits kurzfristig auf erkennbare Sicherheitsmängel reagiert worden durch technische und organisatorische Maßnahmen. Mit steigendem Sicherheitsstandard senkte sich die Unfallhäufigkeit und verlagerten sich die Schwerpunkte.

Mit der direkten Methode, also der Beteiligung der betroffenen Mitarbeiter, wurden nun auch die Umgebungsbedingungen der Arbeit (Einrichtungen, Verfahrensweisen, Arbeitsumwelt), in ihrem Zusammenwirken mit den Menschen und die sich daraus ergebenden Gefährdungen unmittelbar - bei Verzicht auf die Verletzung als einzigem Hinweis - in die Analyse einbezogen. Hierdurch sollten auch noch nicht wirksam gewordene Verletzungsmöglichkeiten aufgedeckt werden.

Von daher wurden folgende Zielsetzungen für die Gruppenarbeit formuliert: Durch eingehende Arbeitsanalysen und Aufbereitung der Befunde durch die Beschäftigten sollten kritische Situationen besser erkannt und technische, organisatorische sowie verhaltensbezogene Maßnahmen gesucht und umgesetzt werden. Plötzlich auftretende Störfälle, die sonst ein "Hals über Kopf-Handeln" provozierten, sollten antizipiert, d.h. als erwartete Ereignisse definiert und mit zweckmäßigen, bereits eingeübten Reaktionen beantwortet werden.

Der Kern des Forschungsvorhabens stellte somit eine vorbeugende Gefährdungsanalyse dar. Mit Hilfe des Organisationsentwicklungsansatzes sollten Schutzziele und Schutzmaßnahmen gemeinsam mit den Beschäftigten erarbeitet und festgelegt werden. Bei dieser gemeinsamen Analyse des Systems sollten durch die Einbeziehung der Erfahrungen der Betroffenen auch die noch nicht wirksam gewordenen Gefahrenmomente aufgedeckt und eine Art flächendeckendes "Gefährdungskataster" erstellt werden. Damit erhielt die Maßnahme einen dezidiert präventiven Charakter!

Als Einstieg in diese Arbeit wählten wir eine Befragung der Beschäftigten zu ihrer subjektiven Einschätzung der Gefährdungen. Die Befragung wurde als halbstandardisiertes Interview durchgeführt, folgende Fragen wurden dabei gestellt:

1. Was gefällt Ihnen bei Ihrer Arbeit: Was tun Sie gern? Was klappt gut?

2. Was gefällt Ihnen nicht bei Ihrer Arbeit: Was tun Sie nicht gern? Was klappt nicht?

3. Was ist bei der Arbeit für Sie besonders schwierig?

4. Was sind besonders gefährliche Situationen? (kritische Vorfälle, Beinahe-Unfälle etc.)

5. Wodurch entstehen meistens gefährliche Situationen? (Ursachen für Gefährdungen, Beinahe-Unfälle, Unfälle)

6. Wenn Unfälle vorkommen, ist das eher auf technische Mängel oder auf menschliches Fehlverhalten zurückzuführen?

7. Muß man sich hier manchmal sicherheitswidrig verhalten, damit die Anlage läuft?

8. Gibt es nach Ihrer Erfahrung ganz allgemein technische Mängeln in der Anlage?

Die Fragen wurden mit großer Aufgeschlossenheit von den Mitarbeitern beantwortet.

Die sumarischen Ergebnisse der Befragung im Vergleich zur betrieblichen Unfallstatistik sind in der nachstehenden Tabelle dargestellt:

Tab.1: Befragungsergebnis und betriebliche Unfallstatistik

	Nennungen bei Befragung	Unfälle/davon meldepfl. (letzte 3 Jahre)
Anlage zum Gießen vorbereiten:	37	25/8
Gießen:	84	39/7
(davon: Pfanne aufbrennen:)	(22)	(13/2)
Arbeiten nach dem Gießen	8	30/2
Umrüsten und Störungen beseitigen:	7	4/1
verschiedenartige Störfälle:	42	14/3

Die Gegenüberstellung der Häufigkeiten der als schwierig bzw. gefährlich eingeschätzten Arbeitsgänge bzw. Anlagenteile mit den tatsächlichen Unfallhäufigkeiten laut Unfallstatistik ergab, daß Unfallmöglichkeiten subjektiv sehr viel häufiger genannt wurden, als die Unfallzahlen dies nahegelegt hätten. Insgesamt wurden in der Befragung 178 Situationen für einen möglichen Unfall benannt, gegenüber 112, die in den letzten drei Jahren in den entsprechenden Anlagenteilen bzw. bei den genannten Arbeiten tatsächlich vorgekommen waren.

Es zeigt sich bereits in diesem Ergebnis, daß die Sensibilität der Betroffenen für mögliche Unfallgefahren sehr hoch entwickelt ist und daß sie in der Lage sind, Gefahrenquellen im vorhinein präzise zu benennen.

Eher zu niedrig eingeschätzt wurde - in Bezug auf die Gesamtunfallzahlen - lediglich der Bereich "Arbeiten nach dem Gießen"

Wir werten dies als eine Bestätigung für die Richtigkeit unseres Ansatzes, die Störereignisse als potentielle kritische Ereignisse bei der Gruppenarbeit gezielt anzugehen und dabei die Gruppenarbeit nicht auf die Störereignisse in Schwerpunktbereichen zu beschränken, sondern die gesamte Palette der Tätigkeiten zu erfassen.

Wie nicht anders zu erwarten, ergab eine Gegenüberstellung der Ergebnisse der indirekten und der direkten Gefährdungsanalyse unterschiedliche Schwerpunkte. Diese Tatsache bestätigt einmal mehr die Notwendigkeit, die Betroffenen als Experten ihrer Angelegenheiten in die Sache einzubeziehen.

Es wurden u. a. nach Einschätzung der Befragten Tätigkeiten als größte Risiken der Arbeit bewertet, die - aufgrund des Gefahrenbewußtseins und der daraus resultierenden vorsichtigen Arbeitsweise - nicht als unfallgefährdet galten und die bei der herkömmlichen indirekten Gefährdungsanalyse durch AS-Experten und Vorgesetzte nicht als solche erkannt worden wären.

Schon aufgrund dieser Eingangsbefragung wurden zahlreiche Verbesserungsnotwendigkeiten und -möglichkeiten in technischer und organisatorischer Hinsicht von den Betroffenen aufgezeigt. Dies brachte nicht nur für die Arbeitssicherheit, sonder auch für die Verfahrenstechnik und die Qualität des Produktes eine Fülle von konkreten Ansatzpunkten, die einen umfänglichen OE-Prozeß auf den Weg brachten. Auf diese Weise wurden quasi nebenbei im Laufe des Projekts zahlreiche Veränderungs- und Verbesserungsvorschläge erarbeitet, die eine Reihe von technisch-organisatorischen Problemen lösen half, die weit über das Thema Arbeitsschutz hinaus gingen und einen enormen Einfluß auf die Anlagenoptimierung ausübten.

c) Erstellung und Bearbeitung des Gefährdungskatasters:

Der vorab von den AS-Fachleuten und den betrieblichen Vorgesetzten erstellte Katalog der erfaßten Störarten, Gefährdungen, Schutzziele und mögliche Maßnahmen, sowie die Ergebnisse der Mitarbeiterbefragung dienten also als Einstieg in die eigentliche Gruppendiskussion.

Es wurde nun gemeinsam jenes Gefährdungskataster erstellt und fortgeschrieben und es wurden Schutzziele und Schutzmaßnahmen festgelegt. Wir wählten den Begriff "Kataster", weil hier ein flächendeckendes Muster aller Gefahrenbereiche, über die gesamte Anlage verteilt, sichtbar wurde und welches bei der weiteren Orientierung für die Gruppenarbeit und darüber hinaus für das ganze Sicherheitswesen sehr hilfreich war.

Zu den gemeinsam ausgewählten Gefährdungsschwerpunkten wurde dann ein Katalog der abbaufähigen Gefährdungen in kritischen Situationen und der dazu erforderlichen Sicherheitsmaßnahmen erarbeitet, die Maßnahmen wurden eingeleitet und deren Umsetzung verfolgt. Wesentlich für die Motivation der Gruppen war dabei der schnelle Erfahrungsaustausch mit dem Betrieb und insbesondere den Service-Technikern sowie eine permanente Erfolgskontrolle.

Ein wesentlicher Effekt der Gruppenarbeit bestand auch darin, daß Störungen als Indiz für mögliche Gefährdungen erkannt wurden. Jeder Fehler, jede Störung im sonst automatischen Ablauf erfordert ein sofortiges Reagieren bzw. Eingreifen. Jeder überhastete Eingriff beinhaltet Fehlermöglichkeiten und damit auch möglicherweise neue Gefährdungen oder gar Unfälle.

Gerade bei der relativ geringen Wahrscheinlichkeit des Auftretens von kritischen Ereignissen, bzw. bei den komplexen Abhängigkeiten kommt der Beobachtung derer, die kontinuierlich vor Ort sind, eine besondere Bedeutung zu. Zwar erfaßt der Einzelne oft nur Teilaspekte, aber er kann wesentlich helfen, in der gemeinsamen Diskussion das Puzzle der Arbeitssicherheit richtig zusammenzusetzen.

Ferner gilt: Die Mehrzahl der vermeindlich nicht vermeidbaren kritischen Situationen konzentriert sich auf wenige, immer wiederkehrende Ereignisse. Man kann sie aufbereiten, die richtigen Verhaltensweisen gemeinsam erarbeiten, sich darauf einstellen.

Als Indiz für mögliche Gefährdungen wurden alle Störereignisse als potentielle kritische Ereignisse betrachtet und nach folgenden Kriterien ausgewertet:

- Definition der Störung,

- Ermittlung und Definition der Ursachen,

- Darstellung der Verknüpfungen zwischen Ursachen und Folgen,

- Auswirkungen auf die Arbeitssicherheit im Augenblick der Störung bzw. bei der Störbeseitigung,

- zu treffende Maßnahmen zur Vermeidung derartiger Ereignisse,

- Verhaltensweisen bei evtl. erneutem Auftreten der Störung.

Die aufgetretenen Verletzungen bei der Arbeit wurden hinsichtlich eines möglichen Zusammenhangs mit Störungen bzw. Störbeseitigungen überprüft. Unter der Voraussetzung, daß der Störfall als potentieller Unfall anzusehen ist, wurde für die gesamte Projektarbeit folgende generelle Zielsetzung formuliert:

"Es muß erreicht werden, daß im Normalfall sichere, ungestörte Arbeitsabläufe garantiert sind, daß im Störfall gezieltes, überlegtes Reagieren gewährleistet ist und daß bei der Störbeseitigung sicheres, koordiniertes Handeln zur Norm wird."

Durch die gemeinsame Aufbereitung wurden für manche der bisher als nicht veränderbar angesehenen Gegebenheiten Verbesserungsmöglichkeiten erkannt.

Zum besseren Verständnis soll hier nun ein typisches Beispiel für die Gruppenarbeit etwas ausführlicher dargestellt werden.

Wir wählen dazu den präventiven Umgang mit einer äußerst kritischen Situation im Gießbetrieb und zwar das Thema
"Notfahrt der Verteilerrinne":

Schwierigkeiten bestanden zunächst einmal darin, daß hinsichtlich der Beherrschung dieses kritischen Ereignisses nicht eindeutig Klarheit darüber bestand, was in welcher Reihenfolge zu tun sei.

Stichpunkte aus der Gruppendiskussion lauteten daher:

- Jede auszulösende Handlung zur Begrenzung des Sachschadens an der Anlage kann vorher nicht abgeschätzt werden hinsichtlich des Verletzungsrisikos für andere Belegschaftsmitglieder.

- Es besteht von dem jeweiligen Standort/Arbeitsplatz aus keine eindeutige bzw. ausreichende Sicht in alle anderen Arbeitsbereiche.

- Es besteht keine Gewißheit darüber, ob alle über den Eintritt des kritischen Ereignisses Bescheid wissen.

- Es besteht keine Gewißheit darüber, ob alle bereits entsprechende Vorkehrungen getroffen haben.

- Es besteht im allgemeinen in der Situation nicht genügend Zeit zur Kontrolle der vorgenannten Gesichtspunkte zur Verfügung.

Die zweite wichtige aber unklare Frage in diesem Zusammenhang lautet: Wer tut was?

Es wurde beschlossen, die Punkte, die das Verhalten in einer solchen kritischen Situation regeln sollen, aufzulisten und diese als Grundlage einer entsprechenden Betriebsanweisung zu verwenden. Nach Beseitigung einer Reihe von technisch abbaubaren Gefährdungen lautete die gemeinsam erarbeitete Betriebsanweisung schließlich wie folgt:

"Notfahrten/Verhalten im Notfall:

Verteilerrinnenwagen:

Muß bei einer Gießstörung - Schieberdurchbruch, der nicht zum Stillstand gebracht werden kann - der Rinnenwagen im Notbetrieb in Parkposition gefahren werden, sind folgende Punkte der Reihenfolge nach einzuhalten:

Auf Anweisung des Schichtführers wird die Gießautomatik außer Betrieb gesetzt und der Pfannenschieber geschlossen (siehe Skizze).

Die V-Schieber werden mit "Not-Zu" geschlossen. Die Schieber können auch gleichzeitig durch einen Taster im Leitstand P1 geschlossen werden.

Alle Personen verlassen den Gefahrenbereich.

Der Schichtführer leitet die Notfahrt ein.

Der Wagen fährt selbsttätig in Endposition und der Antrieb schaltet sich automatisch ab.

Der überfließende Stahl aus der V-Rinne läuft über Notkübel und Notrinnen in ein Auffangbecken.

Eine zusätzliche akustische Warnung muß grundsätzlich betätigt werden.

Der Schichtführer überzeugt sich, ob der Schwenkbereich der Pfanne frei von Personen ist.

Ist dies der Fall, leitet er eine kontrollierte Notfahrt ein. Die Pfanne kann nun über der Notpfanne auslaufen.

Extremer Notfall (z. B. Pfannendurchbruch):

Hierbei ist der gesamte Hallenbereich sofort zu räumen und über die vorhandene Notfahrtschaltung eine automatische Notfahrt einzuleiten."

Trotz der Beteiligung der Betroffenen an der Ausarbeitung dieser Betriebsanweisung war allen klar, daß dies nur der formalisierte Ausfluß der Erörterungen war. Die Mitarbeiter erkannten, daß diese kognitiv-formale Lösung des Problems allein nicht reichen würde, daß es vielmehr darum gehen mußte, diese Regeln auch in konkrete Verhaltensweisen umzuwandeln. Aus diesem Grund wurde beschlossen, die in der Betriebsanweisung kodifizierten Vorgehensweisen regelrecht zu trainieren und zwar in Form einer Simulationsübung mit Elementen einer systematischen Unterweisung nach den Gesichtspunkten: wer, was, wie, warum.

Außerdem haben einige Gruppen auch das "Schichtführer-know-how", das für die Bewältigung der Situation von entscheidender Bedeutung ist, auf weitere Mitarbeiter transferiert, damit auch in dessen Abwesenheit kompetent gehandelt werden kann.

Ergänzend wurde angeregt, für die Situation "Notfahrt der Verteilerrinne" ein eigenes akustisches Gefahrsignal anzubringen, damit keine Verwechslungen mehr mit der normalen Verteilerrinnenbewegung vorkommen können.

Dieses eigene Gefahrsignal diente außerdem auch zur Sicherung des Arbeitsplatzes "Stopfenmacher", denn dieser Arbeitsplatz lag in räumlicher Nähe zum Geschehen, ohne daß der Stopfenmacher zur Gießmannschaft gehörte, also auch nicht über die nötigen Informationen verfügen konnte und von der Situation überrascht worden wäre.(Es zeigt sich an diesem Beispiel zugleich die Bedeutung der Beteiligung der Service-Bereiche, zu denen auch der Stopfenmacher gehörte.)

Für den technischen Laien mag diese etwas ausführliche Darstellung nicht in allen Punkten verständlich sein. Aber sie dokumentiert in besonders augenfälliger Form die Arbeitsweise einer Beteiligungsgruppe mit der ständigen Weiterentwicklung und Variation eines Themas.

Zur Verbesserung der Autentizität der Gruppendiskussionen wurden schließlich auch einzelne als kritisch erachteten Tätigkeiten mit Hilfe der Video-Technik aufgezeichnet, um Einzelheiten aber auch unterschiedliche Arbeitsweisen bei den verschiedenen Arbeitsschichten darstellen und der Erörterung zugänglich zu machen. (Nach anfänglichen Hemmungen gegenüber der Kamera wurde diese schnell akzeptiert und bei der Arbeit gar nicht mehr beachtet. Allerdings wurden die Aufzeichnungen ausschließlich als Diskussionsgrundlage in den Gruppen benutzt und darüber hinaus im Betrieb nicht weiterverwendet, um ggf. Sanktionen vorzubeugen.)

Unter dieser Prämisse war es möglich, Situationen und Abläufe aus der Produktion einzufangen, die kritische Situationen bzw. sicherheitswidrige Verhaltensweisen zeigten von denen sich in der späteren Diskussion ergab, daß spontan im Betrieb handelnde Menschen oft gar nicht im Bewußtsein haben, wie problematisch sie sich in bestimmten Situationen verhalten.

Das Medium Video erwies sich in diesem Zusammenhang als sehr hilfreich, das betriebliche Geschehen in die Gruppenarbeit einzubeziehen und in besonders lernintensiver Weise Bewußtseinsprozesse zu erhellen und Verhaltensänderungen zu ermöglichen.

Es ist hier aus räumlichen und technischen Gründen nicht möglich, weitere Beispiele aus der Gruppenarbeitspraxis darzustellen. Um aber einen summarischen Eindruck von der Fülle der Arbeitsthemen zu geben, mit denen sich die Gruppen im Laufe von nur etwa eineinhalb Jahren befaßten und die zu dezidierten Veränderungs- bzw. Verbesserungsvorschlägen im Betrieb führten, sei hier folgendes mitgeteilt:

Im Laufe dieser Zeitspanne haben die Gruppen insgesamt 162 Themen behandelt. Davon bezogen sich 87 Themen auf technische und 75 auf organisatorische und verhaltensbezogene Veränderungen. Es wurde bereits darauf hingewiesen, daß diese Gegenstände weit über den Rahmen der Arbeitssicherheit hinaus wirkten. Organisationsentwicklung ist eben ein globaler Prozeß mit weitreichenden Veränderungswirkungen.

d) Qualifizierungsaspekte, Team-Entwicklung:

Gruppenarbeit in der hier dargestellten Form hat immer auch einen Qualifizierungsaspekt, denn die intensive Kommunikation, die erweiterte Information und der Diskurs zusammen mit Fachleuten unterschiedlichster Provenienz fördert auch den Wissenszuwachs und das vertiefte Verständnis der Gegenstände, mit denen sich die Teilnehmer beschäftigen.

Die Gruppe muß befähigt werden, im ständigen Dialog mit der sozialen und dinglichen Umwelt Einsichten und logisch begründete Handlungsalternativen zu entwickeln, die Konsequenzen des Handelns zu überdenken, eigenverantwortlich zu entscheiden. Dazu gehört auch die Fähigkeit zu konstruktivem Vorausdenken, um die Folgen jeder Handlung abschätzen und Schäden abwenden zu können.

Durch die Einbeziehung in den gesamten Produktions- und Planungsprozeß erhielten die Gruppenmitglieder einen fundierten Einblick in die sozialen, technisch und ökonomischen Bedingungen bzw. Abhängigkeiten des Produktionsprozesses. Die Gruppenmitglieder mußten insbesondere befähigt werden,

- ihre Fachkompetenz zu erweitern, also neue funktionsbezogene Kenntnisse und Fertigkeiten zu erwerben, die zur Lösung der aktuellen und künftigen Aufgaben erforderlich sind,

- Probleme zu erkennen, Problemlösungsstrategien anzuwenden und die erarbeiteten Lösungen in die Praxis umzusetzen,

- besser miteinander zu kommunizieren, zu kooperieren und Konflikte konstruktiv zu lösen.

Im Gegensatz zu dem noch überwiegend beschrittenen behavioristisch-lerntheoretischen Weg, betrachten wir Lernen gerade im Zusammenhang mit komplexen, sich entwickelnden Technologien als einen aktiven, evolutionären, auf Erfahrungen des Lernenden bezogenen Vorgang, an dem die Gesamtpersönlichkeit beteiligt ist. Insbesondere sind für den erwachsenen Lernenden unter betrieblich qualifizierenden Bedingungen folgende förderlichen Voraussetzungen zu beachten:

- Es muß einen Handlungsspielraum für den Einzelnen geben,

  - der Lernende bedarf einer Zeitautonomie zur Einregulierung seines persönlichen Lerntempos,

  - Lerngegenstände müssen individuell strukturierbar sein, d.h., der Lernende muß den Gegenstand durchschauen und verstehen und eigene Verhaltensvorschläge im Umgang mit demselben machen können,

  - er muß mit möglichst allen Sinnen am Lernprozeß beteiligt werden,

  - die unmittelbare und persönliche Kontaktnahme zu anderen Lernenden muß gefördert werden

  - und eine Reflexion über den Zusammmenhang von Arbeitsprodukt und Lebensbezug des arbeitenden bzw. lernenden Menschen muß möglich sein.

Während der Laufzeit des Projektes und in der Folgezeit wurden die Produktionskomponenten der Anlage wesentlich verändert. Die Stopfenstellmechaniken an den Verteilerrinnen wurden durch Schieber ersetzt, die Scheren durch Brennschneidmaschinen und die Gießformate bis zur Abmessung von 265 x 265 mm erweitert.

Es war folgerichtig, die damit notwendig gewordene Anpassungsqualifizierung ebenfalls in der bewährten Form der Gruppenarbeit voranzutreiben und zu begleiten. die Gruppenarbeit hat sich als besonders geeignete Form der Lernorganisation bei lernungewohnten Produktionsarbeitern erwiesen. Sie ist geeignet, Lerntätigkeiten den individuellen Bedürfnissen des Einzelnen anzupassen und sie dort abzuholen, wo sie jeweils stehen. Gruppenlernprozesse sind aber auch offen genug gestaltbar (Prinzip des offenen Curriculums), um notwendige Schulungs- bzw. Unterweisungs-inputs zu integrieren, sowie Demonstrationen, Betriebserkundungen und Trainings einzubeziehen.

Gruppenarbeit im Sinne des OE-Prinzips operiert als Organisationsform des Lernens im fließenden Übergang zwischen einem "near-by"- und "on-the-job"-Training.

Mit steigender Qualifikation, dem größeren Einfluß und der erhöhten Verantwortung des Einzelnen auf bzw. für das Arbeitsergebnis, wuchs jedoch auch die Erwartungshaltung der Mitarbeiter, ernst genommen zu werden und mit zu gestalten. An die Stelle des Einzelnen trat immer mehr die Gruppe als eigentliches "agens" der Organisation, das Team wurde wesentlichen zum Träger des betrieblichen Geschehens. Das Team erwartete aber auch, daß sich der Führungsstil und die Methoden der Sicherheitsarbeit den veränderten Gegebenheiten anpaßten und zwar weg vom autoritären, hin zu kooperativen Formen der Arbeitsgestaltung. Führung und Zusammenarbeit sind immer ein bedeutsamer Veränderungsstrang wirklicher Organisationsentwicklung.

In diesem Zusammenhang steht auch der Aspekt der Team-Entwicklung. Hiermit ist keineswegs nur die Einübung bestimmter Spielregeln im Umgang miteinander gemeint.

Team-Entwicklung ist vielmehr die unabdingbare Begleiterscheinung jener neuen Organisationskonzepte, wie wir sie heute mit den Zielsetzungen des "lean-production", "lean-management" oder "total-quality-Ansatzes" vor Augen haben, denn deren gemeinsames Anliegen ist die Abkehr von einem technikzentrierten Leitbild der Organisation hin zu einem personenorientierten.

Becker/Langosch (a.a.O.) sehen für eine Teamentwicklung als wesentlichen Ziele die Klärung der Aufgaben des Teams, das Bewußtmachen der gegenseitigen Abhängigkeit der Gruppenmitglieder und die Stärkung des gegenseitigen Beistands.

Heeg (1988) stellt das Element der Team-Entwicklung sogar in einen Gesamtzusammenhang einer Neugestaltung der Arbeitsorganisation und stellt diesen folgendermaßen dar:

Abb. 10: Team-Entwicklung und Qualifizierung:

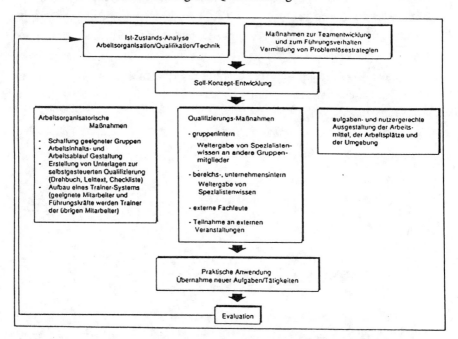

Die Zusammenhänge dieses Schaubilds entsprechen unseren Erfahrungen mit der praktizierten Gruppenarbeit. Es wird hier besonders anschaulich, daß mehr in Gang kommt, als das ursprüngliche Ziel (die Verbesserung der Arbeitssicherheit) vorgab. Gruppen dieser Art führen, wenn die Organisation überhaupt veränderungsbereit ist, nicht lange ein Inseldasein sondern vernetzen sich auf vielfältige Weise mit anderen Aufgaben und Fragestellungen. Dabei zeigt sich, daß der scheinbare Nachteil der komplexeren Vorgehensweise, der zu längeren Entscheidungswegen und damit zu langsameren Entscheidungsprozessen führt, vor allem in komplizierten Entscheidungssituationen zu reiferen und damit tragfähigeren Lösungen beiträgt.

Es kommt nach unseren durchgängigen Erfahrungen bei dieser Vorgehensweise letztlich zu fachgerechteren Entscheidungen (unter Einbeziehung des Detailwissens der Praktiker), zu einer höheren "Krisenfestigkeit" der Maßnahmen (auch bei Abwesenheit der Vorgesetzten) sowie zu einer höheren Akzeptanz von Veränderungen durch die Betroffenen!

6. Wirkungskontrolle / Empirische Befunde

Wie aus den bisherigen Ausführungen deutlich geworden sein dürfte, bestand die Zielrichtung des Projekts nicht ausschließlich in der Veränderung der aktuellen Unfallstatistik. Dies entspräche weder der "Philosophie" der Organisationsentwicklung, die wesentlich breiter angelegte Veränderungswirkungen und innovative Impulse zum Gegenstand hat, noch unserem ganzheitlich-humanisierenden Ansatz, der sich vor allem auf die Störbeseitigung und damit auf die präventiven Aspekte der Arbeitssicherheit bezog.

Hinzu kommt, daß Unfälle seltene Ereignisse und deshalb statistisch schwierig zu handhaben sind. Zu alledem sind sie auch noch von vielen, zum großen Teil nicht identifizierbaren, Faktoren bestimmt, sodaß eine unklare Kasuistik vorliegt. Es ist nicht sicher (und eher unwahrscheinlich), daß die Gruppenarbeit in unserem Zusammenhang die einzige intervenierende Variable war, die Auswirkungen auf das Unfallgeschehen und die Arbeitszufriedenheit während des einjährigen Beobachtungszeitraums zeigte. Von diesen Überlegungen her ist es geboten, die nachfolgenden zahlenmäßigen Trends vorsichtig zu interpretieren und nicht überzubewerten.

Bereits im voraufgegangenen Kapitel haben wir von vielfältigen, vor allem qualitativen Wirkungen der Gruppenarbeit berichtet. Es sollen hier nun zur Ergänzung unserer evaluativen Bemühungen einige quantitativ überprüfbaren Befunde nachgetragen werden.

6.1 Die Unfallentwicklung während des Beobachtungszeitraums:

Die Unfallentwicklung wurde sowohl für den Stranggußbetrieb im Vergleich zum Gesamtunternehmen, als auch für die Arbeitsschwerpunkte der Gruppenarbeit ausgewertet. Außerdem wurden die Unfälle im Zusammmenhang mit betrieblichen Störungen ausgewertet.

Tab. 2: Unfallentwicklung insgesamt im Vergleich:

	vorher	nachher	Veränderung in %
Stranggießanlage	33/12*	27/8*	-18,2/-33,3
Stahlwerk insges.	160/40*	156/39*	- 2,5/- 3,3
Werk insgesamt	962/232*	930/231*	- 3,4/- 0,6
*) Anteil der meldepflichtigen Unfälle			

Die Tabelle zeigt, daß die Unfallhäufigkeiten in der Stranggießanlage, in der das OE-Projekt angesiedelt war, im Vergleich zum Stahlwerk (einschließlich der anderen Bereiche, wie Blockguß und Schmelzbetrieb) und auch in Vergleich zum Gesamtwerk (einschließlich Walzwerk und Adjustage) deutlich abgenommen hat. Insgesamt liegt die Abnahme bei fast einem Fünftel, bei den meldepflichtigen Unfällen (ernsthafte Verletzungen, die zu Ausfallzeiten führen) reduzierte sich die Anzahl sogar um ein Drittel.

Bereits dieses signifikante Ergebnis weist eindeutig die positive Wirkung des Beteiligungsgruppenprojekts nach, obwohl hier auch diejenigen Anlagenbereiche der Stranggießanlage in die Betrachtung einbezogen sind, die nicht Gegenstand der Erörterung in den Gruppen waren.

Differenziert man die Unfallstatistik auch noch nach diesen Bereichen, so wird die positive Wirkung der Gruppenarbeit noch deutlicher:

Tab. 3: Unfälle in den Schwerpunktbereichen der Gruppenarbeit im Vergleich zu den übrigen Bereichen der Anlage:

	vorher	nachher	Veränderung in %
Schwerpunktbereiche der Gruppenarbeit	20/8*	13/4*	-35/-50
übrige Stranggießanlage	13/4*	13/4*	- 0/- 0
*) Anteil der meldepflichtigen Unfälle			

Zunächst ist festzustellen, daß sich die Unfallhäufigkeit in den Arbeitsbereichen der Anlage, auf die sich die Gruppenarbeit in erster Linie bezog, insgesamt um ein Drittel reduzierte. Die gravierenderen (meldepflichtigen) Unfallereignisse wurden sogar im Laufe des Beobachtungszeitraums von einem Jahr um die Hälfte vermindert! In den übrigen Bereichen blieb die Unfallentwicklung konstant. (Allerdings handelt es sich hierbei lediglich um einen von den Gruppenaktivitäten nicht erfaßten Rest, der seiner Größenordnung nach nicht mehr besonders ins Gewicht fällt).

Besonders aufschlußreich dürfte jedoch die Betrachtung der Unfallentwicklung im Bezug auf Anlagenstörungen sein, da in der Beseitigung von Störungen und kritischen Ereignissen das Hauptaugenmerk im Gruppenansatz zur präventiven Verbesserung der Arbeitssicherheit lag. Zunächst ist festzustellen, daß sich die Anzahl der störbedingten Unfälle im Laufe des Beobachtungszeitraums um 22% verringerte.

Betrachtet man aber auch hier wiederum die Schwerpunktbereiche gegen den Rest der Stranggußanlage, so zeigen sich folgende Tendenzen:

Tab. 4: Störbedingte Unfälle im Vergleich:

	vorher	nachher	Veränderung in %
Schwerpunktbereiche der Gruppenarbeit	11/4*	7/0*	-36,4/-100
übrige Stranggießanlage	3/1*	4/1*	+33,3/ 0
*) Anteil der meldepflichtigen Unfälle			

Die Zahlen sprechen für sich. Insbesondere ist bemerkenswert, daß es im Beobachtungszeitraum in den Schwerpunktbereichen der Gruppenarbeit keinen größeren Unfallschaden mehr gab! Natürlich ist bei diesem Ergebnis zu beachten, daß die absoluten Zahlen sehr klein sind (Unfälle sind gottlob seltene Ereignisse) und deshalb hier lediglich Tendenzen angedeutet werden. Es ist bei dieser zahlenmäßigen Größenordnung auch keine statistische Signifikanzprüfung möglich.

Dennoch kann man insgesamt sagen, daß die gemessenen und verglichenen Zahlen eine gemeinsame Tendenz aufweisen: Sicherheitsarbeit durch Organisationsentwicklung führte in unserem Fall eindeutig zu einer über zufälligen Reduktion von Unfallereignissen und insbesondere die gravierenden (meldepflichtigen) Unfälle gingen deutlich zurück, ebenso wie die Unfälle im Zusammenhang mit Störungen.

Befolgungsgrad von Schutzmaßnahmen und Sicherheitsbewußtsein:

Neben den zahlenmäßigen Trends der Unfallstatistiken interessierte in diesem Zusammenhang natürlich auch die Frage des Befolgungsgrades der Schutzmaßnahmen. Es ist ein leidiges Thema der Sicherheitsarbeit: Angeordnete Schutzmaßnahmen werden nicht gut akzeptiert und deshalb nach Möglichkeit unterlaufen, Arbeitssicherheit wird leicht als Angelegenheit Dritter verstanden, für die man selber nicht zuständig ist. Unsere Hypothesen lauteten bekanntlich: Selbst erarbeitete und in ihrem Sinn verstandene Schutzmaßnahmen werden besser befolgt, Arbeitssicherheit ist mehr eine Bewußtseinsfrage als ein Expertenwissen.

Auch bei dem Bemühen, diese Hypothesen zu überprüfen, stellten sich hinsichtlich der empirischen Erhebungsmethoden Schwierigkeiten in den Weg: Die Arbeitstätigkeiten konnten mit unseren Mitteln nicht permanent und über längere Zeiträume kontinuierlich beobachtet werden, zum Teil ist die Frage der Befolgung von Schutzmaßnahmen nur bei bestimmten, zeitlich aber nicht exakt vorhersehbaren Arbeitsfolgen beobachtbar und manchmal sind Schutzmaßnahmen auch an definierte kritische Ereignisse gebunden, deren unmittelbare Beobachtung nur im Ausnahmefall möglich ist.

Wir entschieden uns daher mit dem Mut zur Lücke nach dem Multi-Moment-Prinzip querschnitthafte Kurzbeobachtungen durchzuführen und zwar mit Hilfe der Video-Technik. Anschließend wurden diese Beobachtungssequenzen gemeinsam ausgewertet. Dabei zeigten sich folgende Trends:

Hinsichtlich der Bereitschaft, Körperschutzmittel zu benutzen, zeigten sich die Gruppenmitglieder deutlich aufgeschlossener als Nichtbetroffene. Dies wurde besonders beim Tragen der feuerhemmenden Jacken deutlich. Diese

Jacken waren sehr unbeliebt, weil man in ihnen leicht schwitzt und auf der Gießbühne einer Stranggießanlage kann es bis zu 50 Grad heiß sein. Andererseits bieten die Jacken aber einen guten Schutz vor Spritzern flüssigen Stahls (sogn. "Stahlwerksflöhen"), die schwere Verbrennungen verursachen können. Die Gruppen diskutierten eingehend das Für und Wider dieser Schutzmaßnahme, erkannten deren Sinn und kontrollierten sich danach oft selber hinsichtlich des Tragens der Jacken.

Im Hinblick auf die selbst erarbeiteten Sicherheitsvorschriften und Verhaltensregeln gab es eine hohe Bereitschaft in der Produktionsmannschaft, diese in Form von Betriebsanweisungen zu kodifizieren und dann selbständig zu kontrollieren. Die Kollegen machten sich häufiger als zuvor und mit zunehmender Intensität auf sicherheitswidriges Verhalten aufmerksam.

Auffallend war außerdem die gewachsene Sensibilität der Mannschaft, Veränderungen der Sicherheitsstandards zu registrieren und daraus den Wunsch abzuleiten, unverzüglich den Ursachen nachzugehen und Lösungen für neu entstandene Probleme der Arbeitssicherheit zu suchen. Das Unfallgeschehen wurde nicht mehr als "Schicksal" hingenommen sondern wirkte als Herausforderung, selbst aktiv zu werden.

Diese Erfahrungen interpretieren wir als Hinweis darauf, daß es im Projekt gelungen ist, Arbeitssicherheit als Prinzip des Arbeitens und damit als eigenes Anliegen verständlich zu machen und nicht mehr länger als externe, d.h. fremdbestimmte, nicht selten lästige Intervention von Arbeitssicherheitsexperten (und allenfalls der Vorgesetzten), die sich darum "von Amts wegen" zu kümmern hätten!

6.2 Ergebnisse einer Befragung zur Arbeitszufriedenheit und zur Arbeitsumgebung:

Wie bereits erwähnt, ist der Umgang von Mitarbeitern mit den Problemen der Arbeitssicherheit nicht unabhängig von der Arbeitszufriedenheit und der Bereitschaft der Betroffenen zum Engagement für die betrieblichen Ziele. Ferner ist von Bedeutung, wie Mitarbeiter ihre sachlichen, organisatorischen und personalen Arbeitsbedingungen kognizieren, und welche fördernden oder hemmenden Arbeitsbedingungen das Veränderungspotential zugunsten einer verbesserten Arbeitssicherheit beeinflussen. Wir erhofften uns, von einer empirischen Begleituntersuchung zum Betriebsklima und zur Arbeitsumgebung einerseits Aufschluß über psychologisch-organisatorische Rahmenbedingungen für eine effektive Gruppenarbeit, andererseits aber auch einen Beleg für die Annahme, daß eine diskursorische Gruppenarbeit geeignet ist, einen positiven Transfer über die Sicherheitsarbeit hinaus zu leisten, etwa zur Verbesserung der Kommunikation innerhalb und zwischen den Gruppen, zur Verbesserung der Innovationsbereitschaft der Mitarbeiter, zur Optimierung des Mitarbeiter-Vorgesetzten-Verhältnisses und zur Konfliktregulation vor Ort.

Aus diesem Grund wurde zu Beginn der Maßnahme eine Befragung der Mitarbeiter und Vorgesetzten durchgeführt, die nach deren Beendigung rund ein Jahr später noch einmal wiederholt wurde, um in einem Vorher-Nachher-Vergleich entsprechende Wirkungen nachweisen zu können. Als Instrumente wurden verwendet: ein "Fragebogen zur Erfassung des Betriebsklimas" von Rosenstiel (1983), sowie einige Skalen der aus Amerika stammenden "Work-Enviroment-Scale (WES)" von Moos und Insel, die uns in einer privaten Übersetzung vom Lehrstuhl für Psychologie der Technischen Universität München (C. Graf Hoyos) zur Verfügung gestellt wurde.

Mit dem "Fragebogen zur Erfassung des Betriebsklimas" wurden neben allgemeinen Fragen zum Betriebsklima die Bereiche "Kollegen", "Vorgesetzte", "Organisation", "Information und Mitsprache", "Interessenvertretung" sowie "betriebliche Leistungen" abgefragt. Der Fragebogen wurde ausgewählt, weil von Rosenstiel Ergebnisse aus bayrischen Industriebetrieben mitteilt (vgl. Rosenstiel, a.a.O.), die wir als Vergleichswerte zur Interpretation unserer Befunde heranziehen konnten.

Die von uns benutzten WES-Skalen bezogen sich auf die Gesichtspunkte: "Engagement und Initiative", "Arbeitsdruck", "Durchsichtigkeit (Planung, Ordnung, Übersicht)" sowie "Neuerung und Wechsel". Diese Skalen schienen uns in besonderem Maße geeignet, die Umfeldbedingungen eines OE-Projekts zu beschreiben. Vergleichbare Ergebnisse aus anderen Untersuchungen in Deutschland sind uns hierzu allerdings nicht bekannt geworden, sodaß externe Vergleiche nicht möglich waren. (An den Befragungen nahmen insgesamt 92 bzw. 86 Mitarbeiter teil.)

a) Eingangsbefragung:

Betrachtet man die Gesamtauswertung der empirischen Erhebung im Überblick, so ergibt sich hinsichtlich des Betriebsklimas im Bereich der Stranggießanlage ein recht ausgeglichenes Bild. Die beste Beurteilung erhielt die Kollegialität, die ungünstigsten Meßwerte entfielen auf den Bereich Information und Mitsprache. Vergleicht man die Befragungsergebnisse mit der v. Rosenstiel'schen Untersuchung, so liegen die von uns gemessenen Werte etwas ungünstiger als der Durchschnitt aller untersuchten bayrischer Betriebe verschiedener Branchen. Bezieht man jedoch die von v. Rosenstiel mitgeteilten Standardabweichungen seiner Ergebnisse mit ein, so zeigte sich, daß alle Werte unserer Untersuchung innerhalb der Grenzen anzutreffen waren, in denen 68 % der Vergleichsbetriebe lagen.

Wir konnten also von einem vergleichsweise "normalen" Betriebsklima in unserem Betrieb ausgehen, ohne nennenswerte Abweichungen und Besonderheiten.

Auch die psycho-sozialen Einflüsse der Arbeitsumgebung (gemessen mit den WES-Skalen) wurden so bewertet, daß eine eher günstige Ausgangsbasis für die OE-Maßnahme anzunehmen war. Der positivste Meßwert zeigte sich im Bereich "Engagement und Initiative". Bezogen auf die Mitarbeiter prägte sich das vor

allem darin aus, daß die überwiegende Zahl der Befragten meinte, die Leute
steckten viel Mühe in ihre Arbeit; bezüglich des Betriebs allgemein teilte sich
diese Meinung in der Einschätzung mit, hier hielte man mit der Entwicklung
Schritt, die Arbeit selbst sei interessant.

Aus diesem Befund ließ sich ableiten, daß es ein genügend großes Potential an
Energie zur Organisationsentwicklung in der Belegschaft der Stranggießanlage
aber auch hinsichtlich der betrieblichen Strukturen gab, welches es in der Gruppenarbeit zu aktivieren galt.

Einen auf Organisationsprobleme hindeutenden Hinweis erhielten wir durch die
Skala zum "Arbeitsdruck". Der Arbeitsdruck wurde eindeutig von den Befragten
als sehr hoch eingeschätzt. Erlebt wurde dies vor allem als Termindruck, Eile,
mangelnde Möglichkeiten der Entspannung (z. B. durch Kurzpausen). Viele
empfanden es als schwierig, mit den Anforderungen der Arbeit Schritt zu halten.
Wichtig war, daß die Einschätzung des hohen Arbeitsdrucks als Problem aus
den Arbeitsaufgaben und Arbeitsabläufen selbst hergeleitet wurde, nicht als Ergebnis der Führung.
Immerhin wurde hier ein Problem sichtbar, das für die Arbeitssicherheit von
zentraler Bedeutung ist. Das Aufspüren von humanisierenden Entlastungsfakto-
ren in der Arbeitsorganisation und der Verfahrenstechnik sollte deshalb in der
bevorstehenden Gruppenarbeit ein besonders zu beachtendes Lernziel sein.

b) Ergebnisse der Wiederholungsbefragung, Vorher-Nachher-Vergleich:

Die Meßwerte zum Betriebsklima zeigten in der Wiederholungsbefragung einen
weitgehend gleichartigen Status wie zuvor. Die Gesamteinschätzung des Betriebsklimas erfuhr während des Untersuchungszeitraums lediglich eine gering-
fügige Veränderung zum Besseren. Daraus ist abzuleiten, daß die Erfahrung der
Gruppenarbeit allein nicht ausreichte, um die komplexen bzw. vielfältig von anderen Umfeldbedingungen beeinflußten Einstellungen zum Betrieb zu verändern.

Betrachtet man jedoch die Meßwerte im einzelnen, so war festzustellen, daß in der Wiederholungsbefragung in mehreren Teilskalen die neu gemessenen Werte deutlich abwichen.

Die Skala, bei der dies am nachhaltigsten der Fall war, ist die, in der das Vorgesetzten-Verhalten beurteilt wurde. Hier zeigte sich, daß in der Wiederholungsbefragung die Vorgesetzten von den Mitarbeitern signifikant besser beurteilt wurden. Dies beruhte vor allem darauf, daß man deren Rolle und deren Probleme besser verstand und so ihr Verhalten auch eher zu akzeptieren bereit war.

Eine weitere positive Abweichung bezog sich auf die Skala "Allgemeine Fragen": Es handelt sich hier um eine globale Einschätzung des Betriebsklimas durch die Mitarbeiter, z.B. nach dem Motto: "Unsere Firma legt Wert darauf, daß die Mitarbeiter gern hier arbeiten" oder "In unserem Betrieb werden Anstrengungen unternommen, die Arbeitsbedingungen menschengerechter zu gestalten". Wir interpretieren diesen Befund dahingehend, daß die Erfahrungen der Gruppenarbeit dem Betrieb als Bemühen um eine bessere Arbeitsgestaltung positiv angerechnet werden.

Weitere, wenn auch im Betrag geringere Verbesserungen wurden bei "Information und Mitsprache" sowie bei der Beurteilung der "Kollegialität" erreicht.

Anzumerken ist jedoch zum besseren Verständnis der Befund, daß Betriebsklimauntersuchungen immer auch durch globale unternehmungspolitische Einflußgrößen beeinflußt sind, die durch die Gruppenarbeit nicht unmittelbar verändert werden können. So fiel die Wiederholungsbefragung in eine Phase der Beunruhigung der Belegschaft durch harte Strukturmaßnahmen seitens des Betriebs, in deren Zusammenhang auch über Teilstillegungen und Entlassungen diskutiert wurde. Es ist klar, daß solche intervenierende Faktoren die Einstellungen der Betroffenen tangieren und gegebenenfalls Einstellungsänderungen aus der Gruppenarbeit konterkarrieren.

Betrachtet man die vier WES-Skalen im Zusammenhang, so fällt auf, daß insbesondere in der Skala zur Ermittlung des Arbeitsdrucks signifikante Veränderungen der Verhältnisse nachzuweisen waren. Während zu Beginn die Mitarbeiter sehr viel häufiger der Meinung waren, daß sie durch ständigen Druck bei der Arbeit gehalten würden, daß alles immer ganz eilig sei, daß man sich keinerlei Entspannung leisten könne, daß immer äußerste Termine einzuhalten seien usw., nahm diese Einschätzung in Folge der OE-Maßnahme deutlich ab. Daraus ist abzuleiten, daß eine der wesentlichsten Auswirkungen der Gruppenarbeit auf die Arbeitsumgebung in einer Minderung des subjektiven Gefühls von Arbeitsdruck bestanden hat.

Dies ist im Hinblick auf die Arbeitssicherheit ein bemerkenswertes Ergebnis, denn zweifellos liegt in dem Gefühl von Arbeitsdruck und Hektik ein besonderes Gefährdungspotential in Zusammenhang mit Arbeitssicherheit und Wohlbefinden der Mitarbeiter. Durch Hetze wird die Wahrscheinlichkeit von Fehlhandlungen und damit die unmittelbare Gefahr der Verursachung von Arbeitsunfällen und Störungen nach aller Erfahrung deutlich erhöht. Der Streßfaktor Arbeitsdruck gefährdet ferner die Gesundheit der Mitarbeiter, sodaß in diesem Ergebnis auch ein humanisierender Einfluß der Gruppenarbeit zu erkennen ist.

Eine durchgängige Verbesserung der Verhältnisse ergab sich zudem bei der Skala "Neuerung und Wechsel". Hier zeigte sich, daß die Innovationsbereitschaft und die Innovationsfähigkeit der Mannschaft gestiegen war. Wichtig erscheint uns dieses Ergebnis, weil hiermit eine größere Aufgeschlossenheit für zukünftige Verbesserungen angelegt wurde, die für den Betrieb ein wichtiges Potential für weitere OE-Maßnahmen sein dürfte.

Auch bei den Skalen "Engagement und Initiative" sowie "Durchsichtigkeit" gab es meßbare Veränderungen, die in ihren Größenordnungen jedoch nicht so bemerkenswert waren, daß man hieraus sichere Interpretationen der Wirkung der Gruppenarbeit ableiten könnte. Insgesamt unterstützen diese Meßwerte jedoch die aufgezeigte Tendenz zu Verbesserung der psycho-sozialen Umgebungseinflüsse der Arbeitswirklichkeit, die insbesondere zukünftigen OE-Maßnahmen den Boden bereiten für eine erfolgreiche Weiterentwicklung der begonnenen Arbeit.

Vor allem leiten wir aber aus diesen Befunden insgesamt ab, daß durch Organisationsentwicklung und Gruppenarbeit Motivatoren und Hygienefaktoren im Sinne von Herzberg gleichermaßen zur Wirkung gebracht werden können, die einen erheblichen Einfluß auf die Verbesserung der Arbeitssicherheit haben und insbesondere deren präventiven Charakter betonen. Zufriedenere, weniger fremdbestimmte und zum Betrieb und ihrer Arbeit positiver eingestellte Mitarbeiter arbeiten nicht nur produktiver, sondern auch engagierter und weniger unfallgefährdet!

7. Zusammenfassung, Reflexion, Ausblick

Neue Ideen finden entweder einen Champion, oder sie sterben. Ein lediglich normales Interesse an einer neuen Idee wird nie die Energie freisetzen, derer es bedarf, um die Gleichgültigkeit und den Widerstand zu überwinden, die weitreichende technologische Veränderungen hervorzurufen. So urteilten Peters und Watermann (1984) sinngemäß.

Die meisten Ideen enden als Mißerfolg, weil sie keinen freiwilligen Champion finden, der sie mit Beharrlichkeit über die unausbleiblichen ersten Hürden bringt, sondern weil nur irgend jemand zu dieser Aufgabe überredet bzw. delegieren wurde und sie dann ohne innere Überzeugung und Engagement zu erledigen versucht. Belebend wirkt da oft die Ungeduld der Betroffenen. Auf diese Weise fanden wir während der Projektphase und danach manch freiwilligen "Champion" in der Mannschaft.

Aus den Grundannahmen der Organisationsentwicklung aber auch den praktischen Erfahrungen können wir ableiten, daß OE-Maßnahmen vor allem dann wirksam werden, wenn:

- eine Veränderungsbereitschaft der gesamten Organisation vorausgesetzt werden kann,

- keine Angst vor neuen Wegen in der Arbeitsorganisation besteht,

- kein Mißbrauch der in der Gruppenarbeit praktizierten Offenheit bzw. des gruppeninternen Vertrauens möglich ist,

- die Beteiligung der Führungskräfte, insbesondere des mittleren Managements, gesichert ist.

Die Gruppenarbeit muß als Leistungspartnerschaft mit wechselseitigem Geben und Nehmen, aber auch mit wechselseitigem Vertrauen praktiziert werden.

Probleme zeigten sich im dargestellten Projekt vor allem in der Umsetzung der erarbeiteten Maßnahmen. Einige, z.T. sehr wichtige technische Veränderungen konnten nicht sofort durchgesetzt werden. Erforderlicher Konstruktionsaufwand, Fertigungszeiten für neue Anlagenteile oder Bewilligungs- und Budgetierungs-verfahren, die in einem Großunternehmen unumgänglich sind, ziehen Verände-rungen in die Länge. Auch die Strategie der Hierarchie, Änderungen erst bei ge-planten, bzw. zukünftig anstehenden Anlagenumbauten zu berücksichtigen, ist aus der Sicht der Betroffenen nicht leicht vermittelbar und läßt die Vermutung aufkommen, der Betrieb mache doch nicht ernst mit der Beteiligung.

Solche Erfahrungen wirken sich partiell auf die Motivation der Mitarbeiter ne-gativ aus, denn die Durchsetzung der Problemlösungen übersteigt in solchen Fällen den Zeithorizont der Beteiligten. Auch die vorgeordneten Instanzen (Vorgesetzte), mit Bedacht in die Gruppenarbeit einbezogen, waren nicht immer in der Lage, die Umsetzung der erarbeiteten Maßnahmen zu beschleunigen, denn in industriellen Großorganisationen gewinnen Prozeßabläufe nicht selten eine Eigendynamik, die von niemanden mehr so recht beeinflußt wird.

Manchmal klappt es auch nicht mit dem erforderlichen feed-back über den Stand der Dinge. Einzelnen Führungskräften, die nicht beteiligt aber zuständig waren, fiel - ohne das Hintergrundwissen aus der Gruppenarbeit - das Verständnis für bestimmte Ideen und deren Intentionen manchmal schwer.

Jedenfalls erwies sich die Annahme, die betroffenen Mitarbeiter vor Ort könnten mit Hilfe von Gruppenprotokollen die Durchsetzung ihrer Anliegen selber initi-ieren, kontrollieren und gegebenenfalls beschleunigen, weitgehend als unhaltbar. Diese Erfahrung verweist darauf, daß es wahrscheinlich besser ist, bei OE-Pro-zessen dieser Art von vorneherein eine Projekt- oder Steuerungsgruppe von Be-troffenen und Verantwortlichen als "Umsetzungs-Crew" zu installieren, in die all diejenigen mit eingebunden werden, die im Bereich von Arbeitsvorbereitung, Fertigung und Realisierung von technischen und organisatorischen Maßnahmen im Betrieb die Betriebsziele bzw. die Prioritäten der Abläufe verantwortlich mitbestimmen.

Eine weitere Schwierigkeit ergab sich aus dem rechten Verständnis des OE-Ansatzes, sozusagen aus dem "ideologischen Überbau" der Sache. Partizipation der Betroffenen, Verfügbarmachen von Sachwissen, Verbreiterung der Kommunikation, Übertragung von Verantwortung, können leicht mißverstanden werden als Verunklarung von Ablaufstrukturen mit der Tendenz, chaotische Produktionsverhältnisse provozieren zu wollen. An technischen Problemstellungen sozialisierte Vorgesetzte haben nicht selten die Tendenz, keine Spielräume für Experimente und offene Prozesse zuzulassen, da sie der Ansicht sind, Offenheit und Entwicklung führe notwendigerweise zur Instabilität der Systeme.

Mißverständnisse dieser Art wirken bei Mitarbeitern und Vorgesetzten gleichermaßen irritierend, wenn auch in entgegengesetzter Richtung.

In methodischer Hinsicht kommt hinzu, daß häufig auch erst eine gewisse "Gruppen-Kultur" im Sinne der Einübung bestimmter Umgangsformen miteinander erzeugt werden muß, die eine produktive Zusammenarbeit benötigt. OE-Maßnahmen bedürfen daher einer zeitlichen wie inhaltlichen Vorbereitungsphase, in der Mitarbeiter wie Vorgesetzte mit den Zielen, Methoden und theoretischen Hintergründen der Maßnahme vertraut gemacht werden. In einem ständigen Dialog aller Beteiligten muß darüber hinaus für Handlungsspielräume gesorgt werden, die in einem überschaubaren Rahmen Entwicklungen ermöglichen und zugleich die formalen Verfahrensprinzipien einer modernen Produktionstechnologie berücksichtigen. Ein permanentes Konfliktmanagement ist deshalb unerläßlich.

Die Erfahrung hat gezeigt, daß eine solchermaßen auf Arbeitsschutz gerichtete Organisationsentwicklung in einem komplexen betrieblichen Ganzen erfolgreich sein kann, wenn sie die oben angeführten Bedingungen berücksichtigt und wenn sie genügend langfristig angelegt ist, denn sie zielt von ihrem Ansatz her weniger auf partiell-kurzfristige als vielmehr auf global-langfristige Verbesserungen der Arbeitssicherheit im Sinne eines evolutionären Lern- bzw. Verhaltensänderungsprozesses. Und eine weitere Einsicht kommt hinzu: Eine angemessene Gefahrenkognition wird beim einzelnen Mitarbeiter um so besser gelingen, je mehr theoretische und praktische Kenntnisse seiner Arbeitszusammenhänge er besitzt und je höher sein Verantwortungsbewußtsein (durch Einsicht) sowie seine technische Sensibilität ausgebildet sind.

Damit tritt der Problemkreis Arbeitssicherheit in Zusammenhang mit dem der Mitarbeiterqualifizierung. Präventive Arbeitssicherheit hat immer auch zu tun mit der Verbesserung des Qualifikationsniveaus der Mitarbeiter und auch hier bietet unserer Erfahrung nach der Ansatz der Organisationsentwicklung günstige Bedingungen.

Qualifizierte Arbeit in kollektiv organisierten Produktionsformen ist gekennzeichnet durch besondere Instrumente intellektueller bzw. kognitiver und sozialer Art. Lange Ketten von "trial and error", wohl die ursprünglichste und naheliegendste Problemlösungsstrategie, sind unökonomisch und zeitraubend. Methoden der systematischen Suchraumeinengung oder auch Suchraumerweiterung (vgl. Dörner 1975), die Anwendung von Entscheidungsmatrizen, Fehlerbaum-Analysen, brain-stormings und Moderationstechniken sind heute Methoden der Problemlösung, die auf allen Ebenen der betrieblichen Qualifizierung Anwendung finden und deshalb neben der fachspezifischen Weiterbildung als Schlüsselqualifikationen vermittelt werden müssen.

Typische Probleme der modernen Arbeitswelt, an deren Lösung Mitarbeiter mehr und mehr beteiligt werden, haben nach der Problemklassifikation von Dörner (a.a.O.) vor allem den Charakter von "Syntheseproblemen", d.h. es kommt darauf an, neue Operationen zu entwerfen (zu synthetisieren). Man weiß genau wo man ist, weiß auch was man will (z. B. weniger Ausschußproduktion, geringere Unfallzahlen), man weiß aber nicht wie man den Zielzustand erreichen soll.

Erfolgreich kann demnach bei der Lösung solcher Probleme nur sein, wer auf der Basis vielfältiger Sachkenntnisse und ausreichender Sozialkompetenz zu differenzierter Informationsverarbeitung, divergentem Denken und kreativer Neukombination von Operationen fähig ist.

Mitarbeiter, insbesondere die der unteren hierarchischen Ebenen, verfügen in der

Regel über solche Kompetenzen nicht von vorne herein, da sie früher nicht zum Ausbildungskanon eines Industriearbeiters gehörten. Außerdem sind sie oft lernentwöhnt, entwickeln negative Reminiszenzen an alles "Schulische", erleben ggf. Weiterbildungsanforderungen als Kritik an ihrer Fachkompetenz. Neubert (1980) charakterisiert für industrielle Trainingsverfahren unseres Erachtens nach zutreffen folgende typische Merkmale:

> "Trainingsverfahren werden ihrem Wesen nach - in Analogie zu herkömmlichen pädagogischen Denkweisen - als Vermittlungsprozeduren verstanden.
>
> Ihr Ziel ist die Aneignung zuvor bestimmter Vermittlungsinhalte.
>
> Ihr Adressat ist ein im wesentlichen als isoliert lernend gedachtes Individuum" (S. 25).

Und er fährt fort: "Bei solchem Trainigsverständnis muß es nicht verwundern, wenn die u.a. aus der experimentellen und angewandten Sozialpsychologie, aber auch aus der Alltagspraxis wohlbekannte Tatsache, daß Gruppen oder Kollektive - unter bestimmten Voraussetzungen - einen für ihre Mitglieder nutzbaren Leistungsvorteil gegenüber Individuen besitzen, praktisch unberücksichtigt bleibt" (ebd.).

Lernziele und Lerninhalte entwickelten sich in unserem Projekt evolutionär im Sinne eines offenen Curriculums. Die globale Lernzielvorgabe "Arbeitssicherheit", die durch das Projektdesign vorgegeben war, "mutierte" teils schon während der Projektphase und erst recht danach zu dem neuen Lernziel "Verbesserung der Produktqualität". Es hatte sich nämlich herausgestellt, daß die Folgen von Fehlverhaltensweisen in der Produktion zwei Wirkrichtungen hatten: Sie zielten zum einen auf die Gesundheit der Person und zum anderen auf die Unversehrtheit, d.h. die Qualität des Produkts.

Von den beteiligten Mitarbeitern angefertigte Probleminventuren ergaben überdies jeweils die Einstiegsthemen in für sie völlig neue Sachbereiche. Auf diese Weise konnten komplexe und unterschiedliche Wissensinhalte der Verfahrenstechnik, der Elektronik und Hydraulik sowie der Metallurgie als organisches

Ganzes vermittelt und anschaulich gemacht werden. Aufgegriffen wurden solche Themen nämlich immer dann, wenn sie im konkreten Fall zum Verständnis einer Sache oder zur Lösung eines Problems notwendig waren. Natürlich bestimmte das erkenntnisleitende Interesse dabei auch die jeweilige Durchdringungstiefe des Lerngegenstandes.

Auch an der Entwicklung einzelner methodischer Schritte, so z.B. an der Organisation von Exkursionen in benachbarte Arbeitsbereiche, des entdeckenden Lernens vor Ort, der Herstellung von Modellen und Demonstrationsmaterialien, sowie der Durchführung von job rotations waren die Mitarbeiter unmittelbar beteiligt. Selbst gezielte theoretische inputs von Fachexperten wurden dialogisch gestaltet, d.h. der Theorie wurde die Praxis als Erfahrung unmittelbar entgegengestellt.

Ein anderes fundamentales Merkmal der Mitarbeiterqualifizierung bestand darin, alle Lernprozesse kollektiv zu organisieren. Dies galt sowohl für die onthe-job-trainings, die in Form von Projektgruppen (3 - 5 Mitarbeiter) zur Beobachtung von Prozessen, zur Sammlung von Daten, zur Entwicklung eines Lösungsvorschlags und dergleichen abgehalten wurden, als auch für die eigentliche Gruppenarbeit als near-by-the-job-training. Hierfür gab es die Elemente des Plenums (alle Mitarbeiter einer Schicht, einschließlich Service-Leute, 15 -20 Mitarbeiter) als auch der Kleingruppe (5 - 8 Mitarbeiter) und der Lese-Lern-Gemeinschaften etwa zum gemeinsamen Lesen und Erarbeiten eines Textes oder einer Zeichnung (2 - 3 Mitarbeiter).

Zum Wesen der Organisationsentwicklung als Methode gehört, daß sie selbst offen und modellierbar ist, also kein geschlossenes Arsenal von methodischen Schritten liefert. Ihre Möglichkeiten und Entwicklungen hängen von den Inhalten und der Komplexität der Qualifikationsanforderungen selbst ab, aber auch von der Kreativität und dem Engagement alle Beteiligter.

Der wichtigen Frage einer Evaluation der Organisationsentwicklung als Methode in Qualifizierungsprozessen konnten wir im Rahmen unseres Projekts aus kapazitativen Gründen nicht nachgehen. Dennoch dürfte gerade diese Frage interessieren, insbesondere in dem Sinne, inwieweit der individuelle Lerngewinn durch eine kollektiv-dialogische Lernmethode im Vergleich zu den herkömmlichen Vorgehensweisen beeinflußt bzw. verbessert wird.

Neubert (a.a.O.) hat zu dieser Frage eine einschlägige experimentelle Untersuchung durchgeführt, bei der er zu folgendem Resultat gelangte: Im Vergleich der Lernleistungen der einzelnen Versuchsgruppen zeigte sich recht deutlich die positive Wirkung des Gruppenprozesses. Zwar gab es keine signifikanten Unterschiede hinsichtlich der Leistungshöhe, aber doch sehr deutliche hinsichtlich des zeitlichen Aufwands zur Erreichung der Ergebnisse. (Dieser lag nach seinen Angaben zwischen 17 % und 50 %, je nach Variation des Gruppenprozesses.) Ein Detailergebnis der Untersuchung ist im Zusammenhang mit dem Ansatz der Organisationsentwicklung besonders interessant, da es hierbei um die Rolle bzw. die Wirkung der Diskussionsleitung (bzw. Moderation) ging. Der Autor konnte nämlich zeigen, daß die Lernleistung signifikant besser war, wenn die Lerngruppen durch einen externen Diskussionsleiter unterstützt wurden, der zwar nur geringe aufgabenspezifische Sachkenntnis, dafür aber Erfahrungen in der Leitung von Diskussionsgruppen aufwies. In der Terminologie der Organisationsentwicklung ein Argument für den externen Moderator oder "change agent".

Die Untersuchung von Neubert bestätigt im Kern unsere Hypothesen über die Wirksamkeit der Organisationsentwicklung als Methode bei Qualifizierungsprozessen und damit bei der Lösung der unterschiedlichsten betrieblichen Probleme. Der Schulungsansatz alten Stils greift heute in aller Regel im Umgang mit komplexen Systemen zu kurz.

Fazit:

Betrachtet man die im Laufe des Projektes gemachten quantitativen und qualitativen Ergebnisse und Erfahrungen in der Zusammenschau, so lassen sich diese in unterschiedlichen Richtungen summieren:

1. Es ist festzustellen, daß die Ausgangshypothese, mit Maßnahmen der Organisationsentwicklung die aktuelle Arbeitssicherheit verbessern zu können, bestätigt wurde. Die Unfallhäufigkeit konnte im Bereich der Stranggießanlage im Vergleich zum übrigen Betrieb erheblich reduziert werden und zwar in einer Größenordnung, die jede Zufallsvermutung ausschließt. Allerdings sind Unfälle im statistischen Sinne seltene Ereignisse, und sie verteilen sich nicht linear. Eine abschließende Beurteilung der Wirkung unserer Maßnahme in diesem Sinne muß also einer längerfristigen Beobachtung überlassen bleiben. (Soweit bisher möglich, wird die Vermutung einer nachhaltigen Verbesserung der Arbeitssicherheit bestätigt.) Aufschlußreicher im Sinne der Projektzielsetzungen ist daher die Betrachtung der Störanfälligkeit der Anlage bzw. des Produktionsprozesses. Hierzu weisen die Störberichte des Betriebs eine deutliche Reduktion der absolut aufgetretenen Störungen als auch eine signifikante Veränderung der Störcharakteristika (Häufigkeit bestimmter Störungen, Art der Störungen) in den Bereichen aus, auf die sich die Gruppenarbeit konzentrierte. Einige Störungen, von denen früher eine permanente Unfallgefährdung ausging, sind nach bisheriger Überprüfung überhaupt nicht mehr aufgetreten, andere nur noch ganz selten. Dies weist darauf hin, daß sich die OE-Arbeit im beschriebenen Sinne in ihrer praktischen Langzeitwirkung vor allem als präventive Sicherheitsmaßnahme bewährt hat.

2. Organisationsentwicklung als Methode der Gruppenarbeit erwies sich als sensibles Instrument bei der Auffindung der Schwachstellen (Erstellung eines detaillierten Gefährdungskatasters). Genauer, als jeder von außen an die Dinge herangehende Arbeitsschutz-Experte, aber auch engagierter als die für Arbeitssicherheit formal verantwortlichen betrieblichen Vorgesetzten, verwiesen die betroffenen Mitarbeiter auf die sie gefährdenden Momente im Arbeitsumfeld. Es entstand im vorliegenden Fall ein Veränderungsbedarf in Richtung Arbeitssicherheit, der schneller anwuchs, als im Augenblick betrieblicherseits umgesetzt werden konnte. Es ist ggf. diesem Umstand zuzuschreiben, daß die Veränderungen der Unfallstatistik nicht noch deutlicher ausfielen.

3. Organisationsentwicklung führt zu einem innovativen Umgang der Mitarbeiter mit Fragen der Arbeitssicherheit. Die Betroffenen deckten nicht nur entsprechende Schwachstellen auf, sondern entwickelten auch in vielfältiger und kreativer Weise Ideen zu deren Beseitigung. Analog zum anwachsenden Veränderungsbedarf entstand damit ein "Ideen- Pool" zur Arbeitssicherheit. Beide Leistungen, das Gefährdungskataster und der Ideen- Pool zur Arbeitssicherheit sind geeignet, den vorbeugenden Arbeitsschutz auf die mittel- bis längerfristige Perspektive hin nach Inhalt und Zielsetzung zu strukturieren und voranzutreiben. Außerdem entsteht auf diese Weise eine wirksame Form der direkten Gefährdungsanalyse.

4. Aufgrund der von uns durchgeführten empirischen Untersuchungen sind mit den Instrumenten der Organisationsentwicklung arbeitsklimatische Zusammenhänge positiv veränderbar. Dies bezieht sich sowohl auf Hygienefaktoren der Arbeitszufriedenheit, als auch auf die Motivatoren derselben. Insbesondere hinsichtlich des Verhältnisses von Mitarbeitern und Vorgesetzten, aber auch im Bereich von Information und Mitsprache ergaben sich eindeutige Veränderungen zum Besseren. Außerdem wurden zugunsten der Arbeitssicherheit belastende Einflüsse der Arbeitsumgebung abgebaut. Hierzu gehörten insbesondere die Abnahme von Arbeitsdruck sowie eine positive Antizipation des technologischen Wandels. Betrachtet man den Schutz vor Überbeanspruchung, so ist vor allem das subjektive Gefühl der quantitativen und qualitativen Überforderung durch die getroffenen Maßnahmen abgebaut worden. Die streßverursachenden Bedingungen der Arbeitsorganisation wurden deutlich gemindert. Alle diese Faktoren des Betriebsklimas bzw. der Arbeitszufriedenheit stellen wichtige Grundlagen auch der Arbeitssicherheit dar. Organisationsentwicklung trägt mit diesen Veränderungen insbesondere zur Entstehung eines neuen Sicherheitsbewußtseins bei, woraus langfristig eine "Arbeitssicherheitskultur" im Unternehmen erwachsen könnte, jedenfalls soweit es gelingt, die begonnene Arbeit fortzusetzen.

5. Die Methode der Organisationsentwicklung bietet über die Einbeziehung der Betroffenen eine Möglichkeit, die bestehenden Arbeitsbedingungen zu unter-

suchen und zu gestalten. Die Gruppenmitglieder erhalten einen fundierten Einblick in die bestehenden Bedingungen und Abhängigkeiten ihrer Arbeit. Bezüglich der Sachzwänge, die nicht beseitigt werden können, entsteht auf Grund der gemeinsamen Arbeit an den Problemen eine höhere Akzeptanz bzw. Toleranz.

6. Organisationsentwicklung verändert die Mechanismen und Prozeduren zur Kodifizierung von Sicherheitsregeln und -vorschriften. Die Erstellung von Vorschriften und Regeln der Sicherheitstechnik hält oft mit der beschleunigten technischen Entwicklung nicht stand. Vorschriften entstehen auch meist erst auf der Grundlage gemachter Erfahrungen und nur selten resultieren solche Regeln aus vorausschauenden Sicherheitsanalysen oder Risiko- Ermittlungen. Konkrete Regelwerke aber, die wirksame Sicherheit bieten und sich in die spezifischen betrieblichen Gegebenheiten einfügen sollen, müssen dem jeweiligen System dynamisch angepaßt sein. Die Beteiligung der Betroffenen bereits in der Planungs- und Einführungsphase einer neuen Technologie gewährleistet eine konfliktfreie Einführung von Regeln, einen störungsfreieren Arbeitsablauf, und eine höhere Effizienz von Beginn an.

7. Nach den Ergebnissen und Erfahrungen unseres Projektes halten wir den Nachweis für erbracht, daß Organisationsentwicklung als Methode des Arbeitssicherheits-Trainings und insbesondere auch des präventiven Arbeitsschutzes eine erfolgversprechende Variante zu den bisherigen Modellen darstellt. Von besonderer Bedeutung dürfte der OE-Ansatz auch dann sein, wenn Arbeitsschutzbemühungen auf einem hohen Niveau der Arbeitssicherheit ansetzen, bei denen es mehr um die Gesichtspunkte der Prävention und der Stabilisierung des Erreichten geht, als um die Senkung der aktuellen Unfallrate.

8. In letzter Konsequenz betrachten wir den vorgelegten Bericht auch als einen notwendigen Beitrag zur Theoriebildung der Psychologie im Bereich von Arbeitsschutz und Arbeitssicherheit. Das gängige psychologische Erklärungs-

modell in der Betriebspraxis ist nach unserer Erkenntnis überwiegend beha-vioristisch- lerntheoretisch ausgerichtet. Komplexe Technologien bzw. Mensch-Maschine-Systeme erfordern jedoch eine kognitive Herangehens-weise, die in ihren anthropogenen Voraussetzungen sowie der daraus folgen-den Methodik von dem Standpunkt ausgeht, daß der Mensch sein Verhaltens-repertoir nicht ausschließlich passiv empfängt, sondern daß er im ständigen Dialog mit seiner sozialen und dinglichen Umwelt Einsichten gewinnt, lo-gisch begründete Handlungsalternativen entwickelt, die Konsequenzen seines Handelns überdenkt, eigenverantwortlich handelt, kurz: einen ganzheitlichen, kognitiven, emanzipierten Umgang mit seinen Angelegenheiten pflegt und demnach seine Handlungen reguliert.

Wir glauben, mit unserem Beitrag gezeigt zu haben, daß eine solch kognitiv-psychologische Erweiterung der Arbeitsschutz-Psychologie notwendig ist und zu neuen methodischen wie zielbestimmten Inhalten im Bereich der betriebli-chen Sicherheitsarbeit führt.

Ausblick:

Organisationsentwicklung ist nicht allein eine spezifische Methode zur Verbes-serung der Arbeitssicherheit in Produktionsbetrieben. Wie bereits in Kapitel 2 beschrieben, ist dieser Ansatz als Unternehmensphilosophie und als Methode des organisatorischen Wandels universell. Er ist anwendbar sowohl in Bereichen der Produktion, wie auch der Administration und der Dienstleistung. Überall, wo sich menschliche Arbeit funktionsspezifisch und arbeitsteilig organisiert und insbesondere dort, wo sich hierarchische Ordnungen von Zuständigkeit und Verantwortung etablieren mit dem Ziel, ein Produkt oder eine Dienstleistung gemeinsam zu erbringen, ist Organisationsentwicklung eine Möglichkeit, die Ef-fizienz der Organisation zu steigern, das Arbeitsergebnis zu verbessern und die humanisierenden Arbeitsbedingungen zu optimieren.

Wir selbst haben diesbezügliche Erfahrungen gemacht bei der Einführung und Optimierung eines umfänglichen Modells der Mitbestimmung am Arbeitsplatz (vgl. Hoppmann, Stötzel 1981), bei der Arbeitsoptimierung in und zwischen einzelnen Betriebsabteilungen eines Großunternehmens (vgl. Becker, Stötzel 1985) sowie in jüngster Zeit mit einem Lernstatt-Modellversuch zur Qualifizierung von un- und angelernten Arbeitnehmern (vgl. Stötzel, Schneider 1993).

Ein besonderer Hinweis soll jedoch erfolgen auf den Bereich des Qualitätsmanagements. Qualitätssteigerung und Qualitätssicherung sind heute eines der wesentlichsten Anliegen einer jeden produktiven Organisation, da fast alle Unternehmen einem verschärften Konkurrenzkampf ausgesetzt sind (vgl. Strombach, 1984).

Das Unternehmen, in welchem wir das OE-Projekt zur Arbeitssicherheit durchführten, erkannte sehr bald, daß in der Übertragung dieses Ansatzes auf das Qualitätswesen eine besondere Chance liegen könnte. So wurde für den gleichen Bereich (Stranggießanlage) ein Projekt zur Optimierung der Produktqualität gestartet. Vieles aus der bisherigen Arbeit konnte übertragen und weiterentwickelt werden. Andere Vernetzungen der Produktion traten in den Vordergrund der Gruppenarbeit, wie etwa die Kooperation mit der Stabsabteilung Qualitätswesen, neue Qualifikationsbedürfnisse traten zutage und mußten befriedigt werden, wie z. B. spezielle metallurgische Kenntnisse oder das Verständnis für Qualitätsprüfungsverfahren. Die "Experten der Praxis" wurden beteiligt an der Umsetzung umfangreicher neuer Techniken und entwickelten ihrerseits nun ein "Schwachstellen-Kataster" der Qualitätssicherung. Dies alles trug zu einer erheblichen Verbesserung des Qualitätsstandards bei und stellte eine Ermutigung dar, den eingeschlagenen Weg weiterzugehen.

Organisationsentwicklung kann unseres Erachtens nach einen wesentlichen Beitrag leisten bei der Suche nach wirkungsvollen Konzepten zur Umgestaltung von Produktions- und Dienstleistungsbetrieben. Die Diskussion um geeignete Gruppen-Konzepte in der Produktion (siehe Autoindustrie), um Strategien des "just-in-time" oder des "total-productive-quality" machen deutlich, daß "Japanisierung" den eigenen Weg nicht ersetzten kann. Japanische Vorbilder stoßen in unseren Betrieben an Grenzen, die durch die fundamentalen Unterschiede zwischen den fernöstlichen und europäisch-westlichen Unternehmenskulturen markiert werden. Organisationsentwicklung bietet die Chance einer eigenständigen, aus der europäischen Kultur entwickelte Antwort auf eine zukunftsbedeutsame Herausforderung.

Die technologische Basisinnovation der elektronischen Datenverarbeitung hat nicht nur die technischen Produktions-, Steuerungs- und Entscheidungsprozesse revolutioniert, sondern sie erfordert auch eine entsprechende Veränderung der personalen Betriebsorganisation, der Kommunikationsstrukturen und des Führungsverhaltens.

Organisationsentwicklung und die durch sie initiierte und begründete Gruppenarbeit muß als adäquate sozialwissenschaftliche Basisinnovation verstanden werden, deren Inanspruchnahme und Weiterführung den Unternehmen auch in Zukunft die Möglichkeit gibt, den technologisch-organisatorischen Herausforderungen personell gewachsen zu sein.

8. Literaturverzeichnis:

Allianz-Versicherungs-AG (Hg.), Handbuch der Schadensverhütung, Berlin/München 1982

Atteslander P.M., Konflikte und Kooperation im Industriebebetrieb, Köln/Opladen 1959

Becker H., Langosch I., Produktivität und Menschlichkeit, Stuttgart 1984

Becker, H., Stötzel, B., Veränderung der Arbeitssituation durch Teamarbeit in: Zeitschrift Führung und Organisation, 2/1985,

Bettelheim, B., Ein Leben für Kinder, Stuttgart 1987

Blake R.R., Mouton J.S., Aufbau dynamischer Unternehmen mit Hilfe der Verhaltensgitter - Organisationsentwicklung, Bad Homburg v.d.H. 1972

Breisig, Th., It`s Team Time, Kleingruppenkonzepte in Unternehmen, Köln 1990

Bungard W., Die Grundidee ist banal, in: Psychologie Heute, 15. Jg., Heft 11, Nov. 1988

Burkardt, F. (Hg.), Psychologische Beiträge zum Arbeitsschutz, 2. Workshop Psychologie der Arbeitssicherheit, Frankfurt 1985

Burkhardt, F. Information und Motivation zur Arbeitssicherheit, Wiesbaden 1981

Cohn, R., Von der Psychoanalyse zur themenzentrierten Interaktion, Stuttgart 1975

Dörner, D., Problemlösung als Informationsverarbeitung, Stuttgart 1975

Erke, H. (Hg.), Arbeitssicherheit als betriebliche, psychologische und kommunikative Aufgabe, 3. Workshop, Psychologie der Arbeitssicherheit, Braunschweig 1987

French W. L., Bell C. H., Organisationsentwicklung, Bern/Stuttgart 1977

Gharajedaghi J., Ackhoff R. L., Mechanistische, organismische und soziale Systeme; in: Probst, G.J.B. und Siegwart H.(Hg.), Integriertes Management. Bausteine des systemorientierten Managements, Bern/Stuttgart 1985

Glasl F., Konfliktmanagement. Diagnose und Behandlung von Konflikten in Organisationen, Bern/Stuttgart 1980

Glasl F., de la Houssaye L., Organisationsentwicklung, Bern/Stuttgart 1975

Heeg, F.J., Moderne Arbeitsorganisation, München u.a. 1988

Herzberg F.H.: Work and the nature of man, Cleveland 1966

Heinemann, A., Personen und Organisationen, Frankfurt/Bern 1981

Hoppmann, K., Stötzel, B., Demokratie am Arbeitsplatz, Frankfurt/New York 1981

Kern, H., Schumann, M., Das Ende der Arbeitsteilung? Rationalisierung in der industriellen Produktion, München 1984

Klein L., Die Entwicklung neuer Formen der Arbeitsorganisation, Göttingen 1975

Krais, B., Qualifikation und technischer Fortschritt, Stuttgart 1979

Langosch, I., Weiterbildung. Planen, Gestalten, Kontrollieren, Stuttgart 1993

Lawrence, P.R.,Lorsch, J.W., Die Entwicklung von Organisationen, Bad Homburg v.d.H. 1972

Lemke, E., Die Sicherheitsanalyse, ein Beitrag zur Senkung der Gemeinkosten, in:Keramik und Glas, Heft 3/1987

Lewin K., Feldtheorie in der Sozialwissenschaft; Bern 1963

Lohrum, B., Stötzel, B., Technische Abläufe und menschliches Verhalten in kritischen Situationen und ihre Auswirkung auf die Sicherheit, Abschlußbericht EGKS-Vorhaben 7259-9-004/01, 1985 (unveröffentlicht)

Lotmar P., Tondeur E., Führen in sozialen Organisationen. Ein Buch zum Nachdenken und Handeln, Bern/Stuttgart 1989

Maslow, A. H., Motivation and Personality, New York 1954

Maturana,H., Varela, F., Der Baum der Erkenntnis, Bern u.a. 1987

Mayo, E., The human problems of an industrial civilisation, Boston 1933

Mc Gregor D., Der Mensch im Unternehmen, Düsseldorf 1970

Merz, E., Betriebliches Vorschlagswesen, Landsberg 1988

Morin, P., Einführung in die angewandte Organisationspsychologie, Stuttgart 1974

Morgan G., Images of Organization; Sage Publications, London 1986

Neuberger O., Organisation und Führung, Stuttgart 1977

Neubert, I., Aufgabenorientierter Informationsaustausch und individueller Lerngewinn, in: Hacker, W. und. Raum, H. (Hg.), Optimierung von kognitiven Arbeitsanforderungen, Schriften zur Arbeitspsychologie Nr. 32, Bern/Stuttgart/Wien 1980

Nill, E., Wege zum Erfolg, Stuttgart 1980

DANKE!

...für den Kauf von Wohlfahrtsbriefmarken, Ihrem Porto mit Herz & Verstand.

Arbeiterwohlfahrt	Deutscher Caritasverband
Deutscher Paritätischer Wohlfahrtsverband	Deutsches Rotes Kreuz
Diakonisches Werk der EKD	Zentralwohlfahrtsstelle der Juden in Deutschland

Zeig beim Porto Herz & Verstand:

Kauf Wohlfahrtsbriefmarken
Hilfe, die ihr Ziel erreicht.

Erhältlich bis Ende März bei der Post, ganzjährig bei den Wohlfahrtsverbänden.

Aus unserem Verlagsprogramm:

Personalwirtschaftslehre

Margit Perrey
Gewinnbeteiligung als alternatives Entlohnungssystem:
Mikroökonomische Fundierung und Analyse der Auswirkungen auf Beschäftigung und Einkommen
Hamburg 1992 / 440 Seiten / ISBN 3-86064-017-8

Anna Maria Walter
Arbeitsrechtliche Konsequenzen von AIDS
Hamburg 1991 / 230 Seiten / ISBN 3-925630-45-7

Ulrich Klinkenberg
Die organisatorische Gestaltung des Personalwesens
Eine organisationstheoretische, rechtsnormenorientierte Analyse der Personalfunktion mitbestimmter Aktiengesellschaften
Hamburg 1991 / 400 Seiten / ISBN 3-925630-64-3

H. G. Schachtschabel
Betriebliche Partnerschaft durch Mitarbeiterbeteiligung
Hamburg 1992 / 230 Seiten / ISBN 3-925630-013-5

Michael Steinbrück
Entscheidungsmodelle für Beteiligungsnehmen
Hamburg 1986 / 361 Seiten / ISBN 3-925630-01-5

Verlag Dr. Kovač · Postfach 50 08 47 · 22708 Hamburg · Fax: 040 - 389 56 20

Vester F., Leitmotiv vernetztes Denken, München 1988

Volpert, W., Der Zusammenhang zwischen Arbeit und Persönlichkeit aus
handlungstheoretischer Sicht, in: Großkurth, P. (Hg.) Arbeit und Persönlichkeit,
Berufliche Sozialisation in der arbeitsteiligen Gesellschaft, Hamburg 1979

Werse, E., Motivation und Ausbildung der Mitarbeiter für Umwelttechnik und Sicherheit, in:
Sicherheitsingenieur, Heft 8/88

Westerlund G., Sjöstrand S.E., Organisationsmythen, Stuttgart 1981

Wimmer R., Führen lernen für das strategische Management, in: Zeitschrift der Gesellschaft
für Organisationsentwicklung, Nr.3/1989

Peters, Th. J., Waterman, R. H., Auf der Suche nach Spitzenleistung, Landsberg a.L. 1984

Probst Gillbert J.B., Siegwart H. (Hg), Integriertes Management. Bausteine des systemorientierten Managements, Bern/Stuttgart 1985

Probst Gillbert J.B.: Selbstorganisation. Ordnungsprozesse in sozialen Systemen aus ganzheitlicher Sicht, Berlin/Hamburg 1987

Rosenstiel, L. von, Betriebsklima geht jeden an! Hrsg. vom Bayer. Staatsministerium für Arbeit und Sozialordnung, München 1983

Roethlisberger, F. J., Dickson, W. J., Management and the worker, Cambridge/Mass. 1935

Schein E.H.: Organisationspsychologie; Wiesbaden 1980

Schmid B. A., Die wirklichkeitskonstruktive Perspektive - systemisches Denken und Professionalität morgen; in: Zeitschrift der Gesellschaft für Organisationsentwicklung, Nr.2/1989

Schmidt J., Selbststeuernde Gruppen - ein Erfahrungsbericht; in: Zeitschrift der Gesellschaft für Organisationsentwicklung, Nr. 3/1989

Schneider, J., Stötzel, B., Lernen in der Lernstatt, Materialien zur beruflichen Bildung, Heft 93, Berlin 1993

Sievers B.,(Hg.), Organisationsentwicklung als Problem, Stuttgart 1977

Stötzel, B., Organisationsentwicklung und Arbeitssicherheit, in: Burkhardt, F.(Hg), Psychologische Beiträge zum Arbeitsschutz, 2. Workshop, Psychologie der Arbeitssicherheit, Frankfurt 1985

Stötzel, B., Organisationsentwicklung als Methode zur Qualifikation von Belegschaftsmitgliedern, in: Erke, H. (Hg.), Arbeitssicherheit als betriebliche, psychologische und kommunikative Aufgabe, 3. Workshop, Psychologie der Arbeitssicherheit, Braunschweig 1987

Strombach, M. E. (Hg.), Qualitätszirkel und Kleingruppenarbeit als praktische Organisationsentwicklung, Frankfurt 1984

Trebesch, K., 50 Definitionen der Organisationsentwicklung - und kein Ende?, in: Zeitschrift der Gesellschaft für Organisationsentwicklung, 2/82

Ulich E., Großkurth P., Bruggemann,A.: Neue Formen der Arbeitsgestaltung; Frankfurt/M. 1973

Ulrich H., Probst G. J.B., Anleitung zum ganzheitlichen Denken und Handeln. Ein Brevier für Führungskräfte, Bern/Stuttgart 1988